逆境飞扬

改变日本电梯业的中国女人

马英华 | 著

五洲传播出版社

图书在版编目（CIP）数据

逆境飞扬：改变日本电梯业的中国女人 / 马英华著. -- 北京：五洲传播出版社，2020.1
ISBN 978-7-5085-4367-3

Ⅰ.①逆… Ⅱ.①马… Ⅲ.①马英华-自传 Ⅳ.①K825.38

中国版本图书馆CIP数据核字(2020)第013278号

作　　者：马英华
出 版 人：关　宏
策划编辑：张　斌　黄金敏
责任编辑：黄金敏
装帧设计：青芒时代

逆境飞扬：改变日本电梯业的中国女人

出版发行：五洲传播出版社
地　　址：北京市海淀区北三环中路31号生产力大楼B座6层
邮　　编：100088
电　　话：010-82005927，82007837
网　　址：www.cicc.org.cn，www.thatsbook.com
印　　刷：北京市房山腾龙印刷厂
版　　次：2022年4月第1版第1次印刷
开　　本：889×1194　　1/32
印　　张：7
字　　数：200千字
定　　价：48.00元

目录 CONTENTS

序言1：杂贺俊朗（电影导演） 01
序言2：佐藤裕彦（早稻田大学校友会干事） 03
序言3：东京电梯株式会社社长马英华：改变电梯服务业 05
前言：写给8岁的我 09

第一章
化茧成蝶：推倒"男尊女卑之墙"

我的童年止于5岁 002
寒冷的洗衣之夜，成了我改变人生的开始 012
对着星空发誓——我要去更大的世界 018
饥饿到哭泣的高中时代：被认为是孤儿 033

第二章
破除"外国人壁垒"

命运带我来到日本，奇迹一个接一个发生 050
打工受到深深的侮辱 081
背水一战，超越极限的日子 092

第三章
拆覆"规则限制之墙"

一个电话决定了我的创业：中国女社长的诞生	106
寡头垄断之下，公司半年内没有一个客户	115
和技术人员之间的墙，和日本人之间的墙	122
在盛夏维修故障机，感谢客户的犒劳	132
飞到桌面上的传真	136
悲痛的雨，感恩的雨	143
持续变动的商业环境	147

第四章
跨越"文化之墙"

机场大巴上命运的相遇	154
"你自己的人生，难道不能自己做主吗？"	163
突然的离别，在飘雪的他乡陷入末路	173
遗产和灾难面前见人心	182
为什么要一边做律师，一边做社长	189

结束语   204

序言 1 —— 杂贺俊朗（电影导演）

"人竟然可以如此乐观？人到底能够承受何等逆境？"

马英华的人生给出了答案。

2017年，我执导的电影《卡农》获得了中国金鸡百花电影节国际电影部门的金坛奖，第二届上海电影节日本电影周金鹤奖最佳作品奖、最优秀导演奖、最优秀女演员奖三项殊荣。

那之后，我与众多的中国人邂逅结缘。其中，马英华给我留下了特别深的印象。

与我一样毕业于早稻田大学的马英华，跟我到目前为止遇到过的人大不相同，她有着特别的个性，我惊讶于她敏捷的思维、开朗的笑容和朝前看的强烈意识。她从童年时代开始面对各种鸿沟——男尊女卑的鸿沟、外国人的鸿沟、文化和规则的鸿沟——在人生各个节点上，马英华凭借直觉和坚强的意志，跨越了这些鸿沟，艰难地走了过来。总之，她的人生没有犹豫徘徊，一直在勇往直前。我情不自禁地为

序言1

她这样向前奋进的人生拍手喝彩。对于认为自己的人生并不顺利或正在烦恼中的人,真的强烈推荐读一读这本书,也许你能从马英华的书里找到未来人生的启示。

序言2——佐藤裕彦（早稻田大学校友会干事）

马英华是我早稻田大学的学妹，基于这个缘分，我邂逅了此书。这本书让我受益匪浅，学到很多东西；书名也颇有一种冲击感，让我情不自禁一口气读完该书。

马英华比我小很多，她在日本创业。日本的电梯维修保养行业是个被厂家垄断的市场，即使日本人也无法打开局面，可是她身为一名中国的女性，既作为律师又身负企业家重担，以独特的慧眼，通过媒体打破了日本传统的独占市场，使该行业形成今天竞争性的新格局。她创业20年时，被选为日本女性企业家领袖，并接受报道日本经济的权威报社——日本经济新闻社的邀请，长达两年时间，撰写了非常具有人气的连载文章。马英华之所以被世人认可，正是因为男尊女卑的成长环境锻炼了她坚强的意志，正是因为在幼年时就立下了目标和梦想，她才获得了今天的成功。

早稻田大学校友会由66万毕业生组建而成，我担任校友会干事等职务已久。

早稻田大学致力于培养活跃于世界各地的全球化领袖人才和女性领导者,我坚信马英华已成为众多早稻田大学在校生和毕业生的典范。我衷心地希望这本书可以被拍摄成"中国版的《阿信》"搬上荧屏。期待那一天的到来。

序言 3 —— 东京电梯株式会社社长马英华：改变电梯服务业

"你是学法律的,但为什么选择了电梯服务行业?"面对这个疑问,马英华说:"有太多人问我这个问题了。"她将创业的经历向记者娓娓道来。

马英华在早稻田大学读硕士时,到日本一家电梯公司实习。在工作中,她发现日本的电梯服务业是一个"封闭"的垄断行业:电梯厂家直接和用户打交道,中间没有服务管理商。学法律的她看到这种做法明显违背了日本的《制造物责任法》,意识到日本市场需要专业的电梯服务企业。

1996 年,马英华硕士毕业后就回中国考取了律师资格,一心想在法律专业上有所建树的她并未打算以电梯服务业为创业起点。

但一次偶然的机会改变了她的创业之路。马英华回上海后,当地政府部门得知马英华比较熟悉日本电梯行业,就委托她找一家日本独立的电梯服务公司。因为当

序言3
东京电梯株式会社社长马英华：改变电梯服务业

时上海处于高速发展时期，正在建设很多高楼大厦，虽然许多中国企业买了不少日本电梯，但当时日本电梯公司并未在中国设立售后维修服务部门。

马英华回到日本接洽时才发现，其实日本也没有几家有实力的电梯服务公司，最后当然没找到合作伙伴。上海政府部门一个负责人向马英华建议："你对电梯服务也很熟悉，不如你成立一家这样的公司，帮助我们管理电梯。"

一句话点醒梦中人。1997年6月，马英华和别人合作，正式成立了东京电梯株式会社。但公司成立后业务发展并非想象中那么简单，公司在日本成立，主要业务市场还得放在日本，可当时的日本都是电梯生产厂家负责维护自己生产的电梯，并无把电梯交给其它公司维护的先例。

这种售后服务方式的弊端非常明显。电梯公司把电梯卖给用户后，能维护电梯的只有生产厂家，厂家可以以各种理由擅自提高电梯维护的价格。当时日本经济走进低谷，房价也随之下跌，唯独电梯维护费却高居不下，电梯用户叫苦不迭。

丰厚的利润下，日本电梯厂家当然不肯把零件和服务项目交给其它公司代管，所以马英华公司成立半年也没找到一个客户，眼看着资本金一点点减少，她非常着急。

眼看公司就要倒闭，马英华想，既然日本电梯服务业明显存在着垄断，为什么却没有人来改变这个现象，我不如放手一搏。于是，她就撰文指出这一现象，并把文章寄到《日本经济新闻》社。报社负责人读过文章后，非常感兴趣，立即采访了马英华。于是，她对业界的看法也很快在报纸上刊载。文章刊登后马上引起了电梯用户的共鸣，电梯用户纷纷和马英华联系，希望东京电梯株式会社能代理电梯服务。

以后的3年里，来找马英华的客户连绵不断，东京电梯株式会社得到了飞速发展。随着马英华在业界的影响逐渐扩大，日本各电梯公司也不得不开始重视起这名中国女性，积极向她推荐电梯产品。就这样，原先计划和中国客户合作的马英华，却在日本得以壮大业务。接受东京电梯株式会社服务的用户，不仅电梯维护费可减低30%，而且维护质量和电梯厂家相同。

回忆起创业之路，马英华认为："自己能取得一定成就完全得益于所学的专业。"从1990年开始在早稻田大学学习，到1999年修完该大学博士课程，马英华始终在学习法律，而《商法》则是她主要研究的科目之一。这也为她创业打下了坚实的基础。1999年，马英华设立了中国商务研究所，2004年她又在大连和上海分别设立了法律事务所和办公室。现在，马英华既是多家知名日企的商务顾问，又是活跃在中日两地的法律专家。

东京电梯株式会社社长马英华：改变电梯服务业

前不久，马英华出版了她的书《追求梦想是实现目标的捷径》，她想通过自己的坎坷经历告诉人们，生活需要有一个目标，遇到困难更要勇于面对。

（原载《日本中文导报》2006年7月13日，作者：phpcms）

前言——写给8岁的我

小丽,还记得夏天的夜晚,你爬到厢房屋顶上仰望星空的情景吗?

院子里那三棵大树,每到夏天就长得郁郁葱葱。坐在厢房的屋顶上,可以清楚地看到堂屋。那时候,你总是趁晚上全家人都睡着了,在夜深人静的时候,一个人坐在屋顶上,对着天上的星星问问题。

"为什么要让我来到这个世上?"

"为什么妈妈总是生气,爸爸又总是不在家呢?为什么偏偏这两个人是我的父母?!"

"作为不被父母接纳的女儿来到这个世上,我到底该怎么生存下去?"

"会不会就这样长大成人,然后跟人结婚,过着那种蹲在路边卖菜卖水果的生活呢?"

记得妹妹还很小的时候,因为肚子饿大哭了起来,你把妹妹抱在自己小小的膝

前言
写给8岁的我

盖上哄她。费了好大力气,终于把小妹妹哄睡,你也累到不行,就可怜地靠着墙坐着睡着了。

这些,都还记得吗?

"为什么只有8岁的我却要当3岁妹妹的小妈妈呢?!"对于当时的你来说,这是个大大的疑问。

小小的脑袋里满是问题和不解,别说可以给你解答的人了,连个可以倾诉商量的人都没有。

都已经不记得哭过多少次了吧?

那时候陪伴你的只有满满的不安和寂寞。

但是,哪怕生来是不被接纳的女儿身,在这个世界上也一定会有人需要你,自己身上一定是有能力和价值的。就这样,小小的你有了自己的目标:离开这个贫穷落后的农村,去到外面更大的世界!在更广阔的世界里,一定能实现自己的梦想。

你一定会找到属于自己的一席之地,走着瞧!

……

(现在的我,有了挚爱的家人,在喜欢的城市东京,经营着电梯管理公司已经有20年了，并且还做着跟中国有生意往来的日本企业的律师。）

小丽，你做到了呢！很好地坚持了下来呢！你实现了自己8岁时候的梦想，你很好地做到了。

告诉你个好消息，我也想好了接下来要做什么了：和志趣相投的朋友一起，打破国与国之间的壁垒，打破男尊女卑的厚墙，一生不悔地继续昂头阔步走下去——为了去到更广阔的世界！

（注：小丽为作者的小名。）

Adversity flies

第一章

化茧成蝶：
推倒「男尊女卑之墙」

我的童年止于5岁

出生就不受欢迎的孩子

我的出生地在辽宁省大连市,街道上满是中西合璧的建筑,它们组成了一道亮丽的风景,同时也营造出一种独特的氛围。大连是一座拥有 600 万人口、经济发展较快的城市。

大连在历史上跟日本有一些关联。清末,沙俄租借大连地区,日俄战争中俄国战败,大连由俄国的租借地变为日本的租借地。末代皇帝溥仪在大连接受日本政府资助,登上了伪满洲国皇帝的宝座。受此影响,如今,这里吸引了很多的日本 IT 企业进驻。因此,大连对日本这个国家较有包容性。沈阳以南,持有这种印象的人有很多,再往北,吉林长春、黑龙江哈尔滨一带对日本的看法则骤变,特别是哈尔滨地区,那儿还残留着日本 731 部队的很多实验设施。

听说我们马家的祖先是蒙古族,后来南下来到了大连。起初住在郊外，从事农业生产。我的曾祖父很有商业头脑，在日本明治时代（19世纪60年代到90年代，当时中国处于晚清时期），与日本人进行过贸易往来。我母亲的老家在大连的海边，代代都是渔民，靠捕捞比目鱼等为生。我的父亲和母亲是远亲，他们小时候就认识，后来好多年没有再见过。谁知机缘巧合，到了适婚年龄，两个人竟然在大连市的学校里再次相见。之后，他们便结婚组成了家庭，住在大连市的金州区。

婚后，父母过了三年左右的二人世界，并没有马上生孩子。在当时的中国，婚后不立即生孩子是很少见的，大概他们还没有强烈的要孩子的意愿吧，因此，没少被家里人催促。三年之后，在周围亲朋百般劝说之下，父母终于迎来了我的出生。

看都没看我一眼的父亲

在中国，实行过一对夫妇只能生一个孩子的"独生子女"政策。这项政策于1979年开始实施，直到30年之后的2015年才正式终止，政策修订后，变为"国家提倡一对夫妻生育两个子女"。我是在"独生子女"政策实施之前出生的，下面还有一个弟弟和一个妹妹。

当时的人们普遍认为，结婚之后立即生孩子是理所当然的，

第一章
化茧成蝶：推倒"男尊女卑之墙"

在这样的大环境下，母亲估计承受了很大的压力。"还没动静吗？你是不是不孕不育啊？"她受到婆婆和亲戚的百般催促和指责；等到终于怀孕后，周围又变成了"一定要生个男孩子啊"的声音。在日本，也有第一胎无论如何得是男孩的生育文化。毫无疑问，我的父母和亲戚一直强烈地期待生个男孩。

我就是在这样的情况下出生的。有违爷爷奶奶和父母的期待，我是个女孩。我出生时，父亲急急忙忙赶到产科医院，但当他听到护士说"是个千金哟"时，转身就回去了，看都没看我和母亲一眼，当然，更别提什么慰问品了。对于当时已经非常沮丧失望的母亲来说，这简直又是一个重大打击。

生我之后三天，母亲都没看到父亲的影子。父亲兄弟六人，他是长子，心里无论如何都想要个男孩子吧。不难想象，抱有男尊女卑思想的父亲当时是多么失望。

母亲被父亲深深伤害了！虽然她也不自觉地受到男尊女卑的影响，但是，始终忘不了父亲当时的冷漠无情，以后每次吵架都把这事搬出来说。

中国的产科医院不像日本那么让人感到亲切，不过生了孩子的家庭对待产妇还是百般爱护的，如果生的是男孩，就更加可喜可贺了。产妇在月子里什么都不用做，每天只需休息好、补充好营养。中国有给产妇送鸡蛋、送老母鸡的习俗，有的人还会用扁担挑着鸡蛋等礼品送到医院。

生下了我的母亲，似乎跟这些待遇完全没有关系，既没有家人的祝贺和照顾，也没有人送鸡蛋、母鸡等。爷爷奶奶没有去医院看她，因为她生的是个女孩。这是一次多么凄惨的生产！为了生孩子，母亲吃了那么多苦，到头来，却遭受如此无情的对待。这一切让她认为，生下来的这个孩子是这一切的"元凶"！2年后，母亲生了第二个孩子，如愿以偿是个男孩，3年后，又生了一个女孩。

虽然我没有任何过错，但是母亲对我的态度，打记事起始终是冷冰冰的，哪怕我已经成年了，都没有任何改变。也许，在她脑海里，根深蒂固地认为我才是导致她遭遇不幸的罪魁祸首吧！受男尊女卑的影响，母亲如守财奴一般，认为没有必要将钱花在女孩身上，因为女孩迟早是要嫁出去的，以后不可能指望有回报。她的口头禅"为女孩花钱就跟水泼到了地上一样"，我已经不记得听过多少遍了。母亲的存在，经常激发我骨子里的反抗精神，而这种反抗精神，在我以后的人生中，竟然成为了直面各种困难的力量源泉。

第一章
化茧成蝶：推倒"男尊女卑之墙"

童年至5岁结束，开启家务缠身的人生

小时候，大家都叫我小丽。据母亲回忆，我是个爱笑的孩子，不管对谁都是笑呵呵地，她那时还担心我脑子是不是有问题。见到左邻右舍，我都会主动打招呼，非常有礼貌，大家都对我赞许有加。明明在家抹了不少眼泪，但是一出门我马上就变了笑脸。她对我在哭笑之间迅速切换的能力，感到不可思议。

长女的身份决定了我的命运，说我一生背负着这个包袱，也一点都不为过。我的童年，在5岁就匆匆结束了——随着一声啼哭，妹妹出生了，从那天起，我自然而然地成了妹妹的"母亲"。因为母亲要工作，哄妹妹、喂她吃东西、给她换尿布等等，这些就成了我的事。我们当时住在农村，土地是国有的，村里有农业生产互助组，母亲是其中的社员，她要跟其他的同乡一起在地里干农活、挣工分拿工钱。父亲因为白天要在当地的商场工作，晚上还得当保安，所以基本上都不在家。

母亲给我安排了相当繁重的家务活。大概从我8岁上小学开始，每天放学直到傍晚，都有干不完的活，我不得不赶着时间点干活。家务活是这样安排的：放学回到家，大概下午2—3点，要给家里养的鸡喂食；4—5点喂猪；期间，还要去离家大概1公里的河里洗衣服；洗完衣服回来，还要马上准备做晚

饭。如果在母亲回来之前没准备好晚饭，我就要挨骂了，晚饭做得不好也要挨骂，有时候还会被母亲用手指敲脑袋！到最后，我竟然都感受不到疼痛，变得出奇地冷静！

准备晚饭真是够受的！首先，要把放在锅台上笨重的大铁锅烧热。锅台用的是以前的那种构造，下面得有一个人配合着拉风箱，不然火就会灭掉。又拉风箱又做饭的活儿，成年女性差不多才能完成。年幼的我站在板凳上才刚够得着锅台，更别提做饭了。我需要一个人帮忙拉风箱烧火，妹妹虽然有干劲，但她只有3岁，压根帮不上什么忙。对于当时的我来说，要在差不多1小时之内准备好全家的晚饭，几乎是不可能完成的。

那时候，弟弟懒洋洋地躺在暖和的炕上，我喊着求着他帮忙，他都爱搭不理的。他知道哪怕什么都不做，母亲也不会说他一句。我很气愤，和妹妹一起抬着弟弟的头和脚，边喊着"嗨哟"，边把他从炕上往下扔，被收拾了的弟弟这才求饶着开始帮我们。这样的打闹在家中持续上演，直到弟弟上中学后，才有力气反抗我们。

有时，我会跟弟弟妹妹一起捉迷藏，一不小心走神就忘记干活了。这时，母亲便会大声地盘问和呵斥起来，还挥舞着扫把打我们，弄得我们赶紧撒腿就跑。有一次，母亲一个劲儿地追我，都追到了外婆家里。怒目圆睁的母亲，一边挥着扫把一边喊着"你这个小东西",闹得鸡飞狗跳的。那阵阵骚乱,简直跟漫画上的一样!

因为母亲经常生气,所以我们想知道如果孩子不见了她会怎样。有一天,我们三个人过了傍晚都没有回家,躲在外面,准备偷偷看母亲的反应。母亲回家没看见我们,果然非常着急,一边嘴里骂骂咧咧地,一边出来寻找。看到这儿,我们赶紧从藏身的地方偷偷溜出来,蹑手蹑脚地迈进家门,迅速钻进被窝,还假装睡着了一样打着呼噜。

飞来横祸——灾难降临到弟弟身上

照管鸡和猪是重要的家务活,喂食之前要准备饲料,还要在规定的时间里喂好,非常费事儿。我们家一般一次只养一头猪(长大就杀掉了,所以每年都会重新养一头)。猪饲料是用割回来的猪草和玉米混在一起做的,必须得在地里割好,再提回家。有时候时间紧迫,干活不得不跟拼命一样。

我8岁那年,家里养了一头猪,长得非常快,暂且给它取名"猪仔"吧。家里的前院有一处土堆起来的台地,四周由土墙围着,足有1米多高,猪仔就养在那里。猪仔迅速地长大,渐渐超出了我的视线。猪仔很能吃,给它喂食成了艰巨的体力活，需要人爬到梯凳上，用手举起猪食，用力投递到墙的内侧。有时候，我会拉着不愿干活的弟弟一起帮忙。我把装满了猪食的容器递到站在梯凳上的弟弟手里，他负责扔给猪仔。

猪仔每天要准点吃东西，下午3点不喂它，就会躁动不安。9月是收割玉米的季节，有一天，我们不小心忘了按时给猪仔喂食。后来，弟弟站在踢凳上向前探身，慌慌张张地投猪食，没想到竟然被猪仔咬住衣服，拖进了猪圈里！饿急了的猪仔，咬着弟弟的衣服，拖拽着他在猪圈里来回跑动。弟弟惨叫起来，我也吓得浑身瘫软，用尽浑身力气呼救："来人啊！救命啊！"

幸运的是，刚好有一个男的邻居从我们家门口路过。听到我的呼救，他赶忙跑到我们家救出了弟弟。弟弟当时已经完全吓傻了，所幸只是脖子被拖拽一圈，有点发红，并没有受伤。猪仔似乎并不是真心想袭击弟弟，只是对晚给它喂食提出了抗议。后来，它也没有吃猪食，好像是在警告我们："你们如果不准时喂我，我就不吃了，哼！"自从这次恐怖事件之后，我再也没忘记准点给猪仔喂食。

每只猪的性格是不一样的，仔细观察一下，还蛮有意思。猪仔特别爱干净，其它的猪却是脏兮兮的。养猪仔的时间长了，跟它有了感情，我们好像心有灵犀一般。猪仔是12月被宰掉的，那时候它已经长得跟一头小牛一样大。看着空空的猪圈，我的

第一章
化茧成蝶：推倒"男尊女卑之墙"

心里一阵落寞。

同班同学母亲的眼泪

到离家1公里外的河里洗衣服，也成了我的工作。每天，我扛着装满全家人脏衣服的铁盆，从家走到河边。河边的一块固定区域是附近人们洗衣的地方。每天，村里的妇女们都聚在一起，边洗衣边说着男人们的坏话，我一边听着她们七七八八地闲聊，一边奋力地洗衣服。

河边的大石头被大家当"洗衣板"用。夏天，我坐在"洗衣板"上，把双脚放进水里，感觉非常凉快。冬天就惨了，大连的天气非常寒冷，在河里洗衣服像受酷刑似的。

冬天，河面上结了厚厚的冰，根本没法洗衣服，只能用手搬着石块，在最靠近河边的冰面上凿开一个洞。我跪在冰上，面朝河岸，把衣服丢到洞里，双手在冰水中使劲地揉搓着，因为只有这样才能洗干净衣服！河水冰冷刺骨，我感觉整个人都快被冻僵了！

有一天，我洗衣服时碰见了一个同班同学的母亲。当时，我正准备拿石头凿冰，但因为年纪小没有力气，冰也结得很厚，无论如何都凿不开。那个阿姨实在是看不下去，又心疼我，就帮着凿开了冰面。见我洗衣服时连橡胶手套都没有戴,她忍不住说:"我女儿跟你差不多年纪,我是绝对不舍得让她干这活的,挨了这样的冻,将来一定会留下后遗症,膝盖、关节都会痛,身体得承受多大的负担!唉,真不知道你母亲怎么想的,怎么忍心让自己的孩子干这样的活,造孽呀!"说着说着,她竟然流下了眼泪。

听着阿姨边哭边说,我才第一次意识到,原来自己一直被迫做着跟同龄人不一样的事!以前,每天都被追着赶着干各种各样的家务活,我还以为这是小孩子理所当然要做的。原来并不是这样啊!我心想,为什么偏偏是自己承受这一切呢?后来发生的一件事,更加深了我的疑惑,也催生了我抗争的意识。

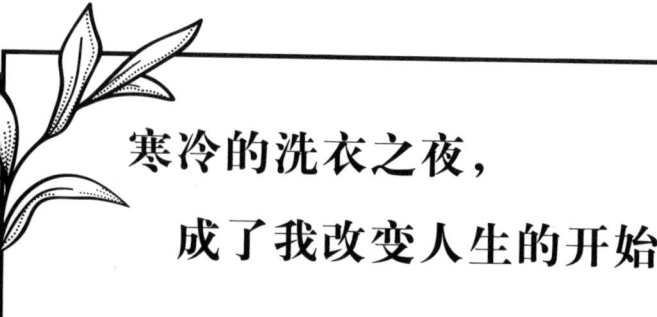

寒冷的洗衣之夜，成了我改变人生的开始

守护被吓哭了的妹妹，我是她真正的"妈妈"

母亲毫无底线地宠着弟弟，他就是什么都不做，躺在那儿睡觉，母亲也不会说什么。而我呢，不但要做所有家务活，还得按时完成好。一旦没有按照母亲说的去做，就要挨骂甚至挨打。我隐隐约约地感觉，大概因为弟弟是男孩，我是女孩吧。当时年纪小，不知道平等、差别这样的词，只是想不通，同样都是母亲的孩子，为什么遭遇竟会有天壤之别。

那时，我对母亲的命令言听计从，不但乖巧听话，而且干好了堆积如山的家务活。5岁的妹妹小秋把我的遭遇都看在眼里。妹妹一出生，我就开始照顾她的吃喝拉撒，带她玩儿，所以，她跟我这个小"妈妈"非常亲近，却并不怎么喜欢经常大声呵斥和责打我的母亲。

我每天被忙不完的家务压得喘不过气，妹妹就像个小尾巴一样,屁颠屁颠地跟在我身边。再大一点儿,她会一边喊着"姐姐,姐姐,我帮你",一边使出吃奶的劲儿,积极地给我当帮手。我跟妹妹的关系非常好,母亲越是对我发火呵斥,妹妹就越加安慰和帮助我。

现在,每次跟妹妹见面,我们还会一起回忆起小时候的事情。

洗干净的衣服被扔到地上

所有的家务活中,洗衣服是最让人痛苦的了。那时候家里没有自动洗衣机,洗衣服这种重体力活儿,夏天还能坚持,一到严冬,手被冻得又红又肿,身体由内到外都被凉透了,简直不知该怎么办。

这件事情发生在我9岁时。那年11月份,大连已经下雪了,一天,我们吃完晚饭收拾妥当,大概7点钟左右吧,母亲开始检查我白天洗好的衣服。每次,她都会看看袖口、领子等地方有没有彻底洗干净。从父亲的中山装这样的大件儿,到我们小孩子的衣服,直至内衣内裤等,我每次洗的衣服都有10几件之多。

我猜想,这次洗的衣服可能不符合她的标准。寒冬时节,河水的水温变低,衣领等地方的污渍很难洗掉。果然,母亲刚拿起衣服,一转眼,就满脸怒气对我大声吼道:"重洗!"更令我没想到的是,母亲竟然还把衣服狠狠地扔到了地上!那时,家里都是泥土地,好容易洗好的衣服又被弄得脏兮兮的。

"到河里再洗一遍去!敢不去的话,我饶不了你!小心我打死你!"伴随着母亲的怒吼,我的心在滴血,在呐喊,在苦苦地哀求——妈妈,您让我现在去河里洗衣服,可是外面黑乎乎的,我害怕……还有那么多的野狗在嗥叫,我不敢去,我害怕狗……妈妈,求求您了……

忍到极限的我终于"哇"地一声哭了出来。妹妹见状,也跟着我一起大声地哭。但母亲的呵斥充满了震慑力,不由分说地,我一边流泪,一边把扔了一地的衣服一件一件捡起来,放到盆里。妹妹被吓坏了,紧紧地贴着我。没别的办法,我和妹妹只能去河边再洗一遍衣服了。

弟弟当时正在睡觉,父亲原本晚上也不在家,家里只有妹妹陪着我,无奈她还那么幼小……

借助路过卡车的灯光照亮

从家到河边全是土路,一路没有灯光,一片漆黑。路旁的房子不像日本排列得那么密集。靠近路边的并不是住宅，而是大大的院子，后面才是住房。再往远处，是大片的菜地，那里经常有野狗出没，一到晚上，它们就开始乱叫。那声音既让人讨厌，又让人害怕。

我和妹妹沿着漆黑的土路，一步一步艰难地朝河边走去。毕竟是小孩子，我们端着装满湿漉漉衣服的大盆，走得十分吃力，路上至少走了半个多小时吧。妹妹用小手紧紧地拉着我的衣服，迈着小步子努力地跟着。黑乎乎的夜晚，本来就让人害怕，再加上远处野狗的嗥叫，更令人毛骨悚然。跟我们现在看到的宠物狗不一样，那些野狗就像凶猛的野兽一样，是会咬人的。

我们不知走了多久，终于，听到了哗啦啦的流水声。我看了一下洗衣台，那儿跟白天完全不一样，于是决定挪到架桥的地方去。桥的斜下方是背风的，会稍微暖和一点。黑暗中，几乎伸手不见五指，只能用手摸索着开始洗衣服。我记得家里应该有手电筒，要是带着就好了。

多么冰冷的河水啊！迎着彻骨的北风，我十分用力地洗衣服。硬邦邦的衣领非常难洗，加上四周黑乎乎的，根本看不清楚，衣服洗没洗干净也不知道。好在时不时路过的卡车帮了大忙！

看见卡车经过的瞬间，我迅速把衣服提起来，拎得高高地，借助卡车的灯光，快速检查衣领、袖口的污渍，一秒都不敢懈息！当时的路是土路，车一开过，激起的尘土漫天飞扬，卡车的灯光像被遮了一层薄膜似的，我也看不太清楚污渍。尽管我瞪大了眼睛，但一辆车子经过的时间也就几秒钟，根本没法检查那么多的衣服。

"唉，又过去了！"我只能一边叹气，一边继续洗衣服，心里盼望着下一辆车子赶快到来。

拧干衣服也是一件难事。我毕竟是小孩子，力气有限，像父亲的又硬又厚的外套，根本没法一下子拧干，只能一部分一部分地拧。一件外套要重复拧好多遍才行。

尽管是大冷天，但我拼尽全力洗衣服、拧衣服，累得满头大汗。跟我相反，在一旁等我的妹妹几乎要冻僵了，开始撒起娇来：

"姐姐，还没好吗？"

"小秋，再等一下哦，马上就好。"

"嗯，好冷啊，怕怕。"

四周一片漆黑，妹妹站在河边，一不小心就会掉到水里去，要是调皮走远了，还可能被野狗咬到。

"小秋，天太冷了，你在原地跳一跳就会暖和一点。"

我是姐姐，必须要保护妹妹，既不能让她睡着，也不能让她走远。我一边哄着妹妹，一边快速地洗衣服，还得趁着车子路过时赶紧检查领子和袖口。我尽最大的努力，以最快的速度做好这些事，但卡车什么时候路过，只能靠运气了……

历经漫长的过程，我们终于洗好衣服踏上了回程。那时，已是夜里 10 点左右了。四周夜深人静，又黑又冷，抬着那一大盆湿衣服，蹒跚地走在黑漆漆的路上，非常害怕野狗会突然冲出来。也不知被冻的还是吓的，我们俩一边哇哇哭，一边往家走。

终于到家了！屋里、院里一片寂静，看来母亲已经睡下了。我心里一阵失落，但转念一想，母亲睡了才好，这样就可以放心了！我松了一口气，如果母亲没睡检查起衣服来，不知又会怎样呢。妹妹和我已经筋疲力尽了，连眼泪都没顾得上擦，直接钻到被窝里，马上就睡着了。

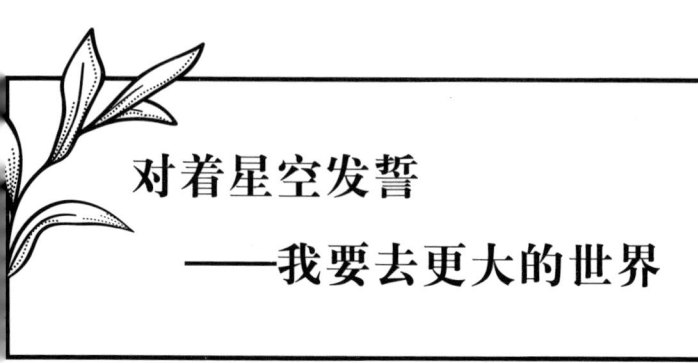

对着星空发誓
——我要去更大的世界

黑暗中潺潺的流水声,远处狗的嗥叫声,飞驰而过的卡车灯光,被漫天飞舞的尘土包围着的河边的景象……数次晚上洗衣的"作战",深深地烙在了我的脑海里,现在想来,似乎都跟昨天一样历历在目。

那时,自己对很多事只能被动地接受。原本应疼爱我的母亲,毫不讲理地要我做各种事情,我心里不情愿,却只能选择服从;经常担心做的事情不如母亲所愿,总害怕会挨打受骂;身为姐姐,时刻都想保护妹妹,以免她遭受虐待;看着弟弟舒舒服服躺着,什么都不用做,而自己却日复一日地做着堆积如山的家务,心里很无奈和不解……

我比谁都更迫切地希望赶快长大成人!

我几乎没时间跟其他小朋友一起玩耍;记忆中,父母也从来没给我买过玩具。我开始反复地问自己,为什么要处于这样的境地,遭受这一切呢?以后怎么生存下去呢?

吃完晚饭，我洗完碗、收拾好桌子之后，当天的工作就全部结束了。终于迎来了自己的轻松时刻！我最喜欢家里的院子。夜里，家人都睡了，我会沿着梯子爬到院中厢房的房顶，坐下来，静静地享受一个人的夜空。

天空的星星一闪一闪地，我莫名地觉得，那里肯定有一个更大的世界。接下来，我的人生会怎样呢？我想到了母亲的谩骂声……不能继续这样的生活了！人的忍耐是有限的，必须找到一条生路！我对着星星祈祷，保佑自己能逃离这样的生活……

更大的世界是什么样的，我并不知道。但是，世界一定有某个地方是属于自己的。无论如何，我都想从这个农村走出去，到更大的世界去看看。既然没人可以保护我，那我就自己保护自己！

怎样去到更大的世界呢？年幼的我想来想去，终于想到了一个办法——好好上学。唯一可以让自己继续生存下去的只有学习。只要咬紧牙关，好好学习考上大学，就一定能够去往更大的世界。我心里坚定了这个想法，学习成了我人生的新的航路，可以说，赌上了生死。

晚上在河边洗衣服这件事，改变了我的人生。从此以后，我的目标就是"去往更大的世界"，所有的一切都要为学习让路,为此,我不顾一切。

一直到现在,每次跟妹妹回忆起这件事,我们还会抱头痛哭!妹妹说:"姐姐那时候太可怜了,妈妈为什么总是对姐姐一个人发火,我没办法原谅她!"为人父母后,妹妹就更不理解母亲了。如果仅仅因为衣服没洗干净,完全可以让我第二天再去洗,母亲怎么还把洗好的衣服丢到院子里弄得更脏呢?这一切,究竟是为什么……

考试落榜,万事休矣

自从对着天空的星星发誓"我要去往更大的世界"之后,我开始了漫漫求学之路。我心里清楚,家里有做不完的活儿,根本没时间学习,所以我努力在课堂上学会、记住所有的内容。当老师还在讲解第一个问题时,我已经弄懂了第三个、第四个问题。小学毕业,我升入了当地的中学。那是一所农村学校,离家大概有30分钟的路程。

我是一个记忆力超群的学生,同时对物理、化学产生了浓厚的兴趣,长长的方程式我一下子就能记住。看起来再难的应用题,只要学会套用方程式,我一定可以解出来。有好多次,大家都不会的考题,只有我一个人做出来了。

语文课学习了唐诗等古诗词，一般情况下，老师会把长长的诗句写在黑板上，领着我们读两遍，然后说："下面开始自己背诵，背会的人就举手，先完成就可以先回家"。班级里有60多个同学，我肯定是第一个举手的。我的注意力高度集中，不管多长的诗，基本上读几遍就可以背下来。

这时，其他人都竖着耳朵听我背诵，因为诗特别长，大家在等着看我会不会出错。每次我背完之后，老师会说："太棒了！你可以先回去了！"我沉浸在大家羡慕和崇拜的目光中，那种愉快的心情简直无法用语言来形容。

不合群，被孤立

一起上学的同学大多是邻居家的孩子，有时候，我会跟在同一所学校上学的堂妹一起步行回家。班上的同学自然地分成了几个小团队，一起放学一起走。30分钟的上学路，因为没人陪伴，我时常觉得很漫长。

放学回到家后，其他同学都是四五个人一起去附近玩耍，但我必须干好母亲吩咐的家务活。别说跟她们一起玩了，连在一起说个话的时间都没有。

上了中学没多久，我就成了"公众人物"。出类拔萃的学习成绩是一个原因，在中国的学校里，所有人的学习成绩都会被实名张贴出来，我的成绩一直处于第一第二的位置；另外，我时常在家里被母亲大声呵斥和谩骂，同学们透过我家敞开着的窗户，都耳闻目睹了那种场景。对他们来说，看我挨骂大概像看戏一样好玩儿吧。

由于经常被母亲骂，加上没有跟同学说话的机会，同学们都不了解我。他们觉得我是个怪胎，从而产生了偏见。

欺凌就这样发生了！中学时期的女孩子相当排他，对自己看不顺眼的同学，会当空气一样彻底无视，甚至还会做出一些暴力的事情！我每天都受到这种欺凌，几乎快要崩溃了！

其他小团队的女孩们跟堂妹说："过来跟我们一起玩吧，给你糖吃。"就这样，唯一一个跟我一起走路的同学也被叫走了，堂妹成了"另一侧的人"。再也没有人跟我一起上学或回家了。大家应该还记得那个在学校里被所有人孤立、不管上学放学、做什么都是孤零零一个人的同学吧！那个同学就是当年的我。

我在走路时，经常被边上三三两两结伴的同学笑话，他们用异样的眼神瞥我，悄悄议论一番之后，一起捧腹大笑！这一切，都跟刀子一样在我心上刺来刺去，无比地痛苦。

被老师怀疑，对中学感到失望

我的老师曾经怀疑我的考试成绩。一次物理考试中，有一道题全班只有我一个人答对了。老师怀疑我偷看了答案，要求我重新考一遍。没办法，我只有再考一遍才能证明自己。

考试时，不允许带与考试无关的物品。发完考卷后，老师在我边上转来转去，两眼盯着我做题。他一走动，皮鞋就在木地板上发出"咯吱咯吱"的声音，吵得我根本无法集中精力答题，但尽管如此，我依然考出了不错的成绩。

这所中学当时没有一个人考上过高中，经过这件事，我明白了个中原因。正常情况下，老师面对优秀的学生，会尽力鼓励，想办法帮助他们提高个人成绩，但这所学校的老师身上没有这种精神，反过来，他们会怀疑自己的学生，不相信学生能考出好成绩。

我觉得如果在这里继续待下去，中考肯定没有任何胜算。在学校里，我得不到老师的认可和鼓励，还被同学欺负、孤立，简直不堪忍受；在家里，又有干不完的家务活，根本没时间学习。不管在学校还是在家里，都没有我的容身之处。我想摆脱这种困境，更好地学习，所以尽力地求母亲帮我转学。

"能不能帮我转学？无论如何我都要上高中，但在这所学校是不可能的！"一次，我一边在锅台边做饭，一边哭着求母亲。那天晚上，母亲去找了一位村中关系好的老师，跟他提了转学的事情。

留着泪跟母亲苦苦的哀求终于奏效了。中学2年级时，我成功转到了一所升学率相对较高的学校。但学校离家很远，骑自行车单程就要花2个半小时，往返要5个小时。当时的路都是砂石路，还有很多坡，很难骑车。为了按时到校，我经常累得汗流浃背！整整2年，我都这样坚持上学，风雨无阻。

在新转入的学校里，最初，我也经历了很多不愉快。我的同桌，当时是我们班主任的小姨子，经常嘲笑我："你成绩好大概是因为吃得比较好吧！"有一次，我实在忍无可忍，跟她大吵了一架。从那之后，大家看见了我强势的一面，慢慢地就不敢欺负我了。

考高中落榜

在中学里，我瞄准考试，不顾一切努力地学习。这样的日子过得很快，初三那年的夏天一晃就到了，考试临近了！

对我来说，这场考试无疑是一场巨大的赌注。15岁左右的初中生，如果想离家独自生活，只有住宿舍这一条路可选。

在日本有很多的专门学校，可是当时的中国没有几所。当时，中国升学率高的高中非常少，竞争几乎到了白热化的程度。我的第一志愿是一所升学率很高的学校，很难考上。我就读的初中的升学率大概只有1%左右，一年没几个学生能考上好高中的。

考试当天的早上，我心里不停地想着"要是考不上可怎么办"，非常紧张。碰巧，我看见转校之前的几个同学坐着拖拉机去考场。我忐忑不安地骑着自行车，吃力地往学校赶……

公布分数的日子到了，所有考试结果都在学校里张贴了出来。命运跟我开了一个玩笑：2分之差，我落榜了！

在无比的内疚和自责中，我骑着自行车回家。夏天的太阳火辣辣地炙烤着一切，后悔、不甘心这样的词语已经无法形容我沮丧的心情。为了这场考试，我那么努力地学习，几乎赌上了整个人生！这已经不能用简简单单的考试失败来形容了——我已经不想再活下去了，死的念头在脑海中不停地打转……

但实际上，这一年学校没有一个人考上高中，当时考试的难度就有这么大！

"哎哟，竟然还有脸回来？！"当我告知母亲结果的时候，她这样喊道。当时正值盛夏，家里的窗户全部开着。母亲毫不避讳，大声地斥责我：

第一章
化茧成蝶：推倒"男尊女卑之墙"

"你怎么还有脸活着回家。从学校到家的路上，应该有好多种死法吧？为什么不骑着自行车撞到对面的车上呢？为什么不直接跳进半道的水库里呢？从桥上跳下去也可以啊！"

我心里本就充满了愧疚和懊悔，为什么还要遭到这么残酷的对待？难受到几乎不能呼吸了！一想到接下来要在这样的怒号中度过一生，我浑身就像被绝望包围了一般！

在母亲毫不留情的骂声的攻击下，我只能逃进院子里，依偎着石墙站着。似乎只有这个石墙还能理解我……就是在这里，8岁的我经常看着天空说"我要去往更大的世界"，没想到今天在同样的地方，我竟被逼入绝境！

"快点去死——"母亲还在尖叫着。石墙的另一侧围了很多人，母亲的尖叫声透过敞开着的窗户，毫无保留地传到了外面。那些孤立和欺负我的女孩子们，毫无避讳地嘲笑我：

"英华没考上，真是活该！"

"还专门转学，结果不也是没考上嘛！"

"也不是那么地聪明嘛！"

"真是活该！"

"哈哈哈……"

"哈哈哈……"

为了学习，我专门转到更远的学校，结果还是没考上。我被母亲大骂，女孩子们看到这种情景，应该非常开心吧。母亲非但没保护我，反而把嗓门扯得更大，这就助长了女孩子们的气焰，她们笑得更厉害了！后来我才知道，她们也一个都没考上。作为母亲，这个时候最起码会说一句"你们不是也没有考上吗，不要再笑了。"可是没有，我真希望母亲能这样说啊！

如果不继续上学，以后会怎样呢？女孩子长大了马上得结婚，此后，就要在当地过着一成不变的日子。我不想要那样的生活，我想学习更多的知识，让自己变得更优秀，去外面看更大的世界。我想证明，即使是女孩子也有价值，也能帮助别人。相比之下，她们凭什么用一副了不起的样子对待我，不是同样都没考上吗？

眼前是骂不绝口的母亲，石墙那一侧是嘲笑我的同学。虽然我不想待在这个家里，但是外面也没有容身之处。我既害羞又不甘心，根本不想看到同学们的脸！

这一切，都是自己能力不足没有考上高中造成的，如果考上了，我就不会遭遇这些事——我狠狠地责备了自己！这里已经容不下我了，外面我也去不了……我本能地看看天空，对了——天空！只有去天上这一条路了——那里是我能去的最佳场所了吧！

意识模糊的我走出了家门。

第一章
化茧成蝶：推倒"男尊女卑之墙"

在玉米地里向神发誓

那片玉米地，我永远无法忘怀。15岁那年的夏天，7月中旬，下午5点过后，太阳正在西下。我想，时间紧迫，天应该快要暗下来了："就是现在，现在是死的最佳时机！"我的眼前出现了一片池沼，里面都是烂糊糊的泥。

玉米地像迷宫一样，周围一个人影都没有。池沼散发着令人毛骨悚然的气息，静悄悄地横在眼前。

玉米地旁边是祖母家，我当时往来祖母家中，知道了这个地方。祖母经常说，那地方非常危险，一定不要靠近。泥沼非常软，哪怕是不小心踏进去一步，整个身体都会被吸进去，无法救上来。祖母说，有一个年轻的男的，不小心被吸进去了，结果一直都没有找到。

没有人知道泥沼到底有多深。泥沼周围有玉米地，还有茂盛的野草，完全遮挡住了人们的视线。死在这片泥沼里，连尸体都不会被发现，这里就是死的最佳场所！

听到了神的声音

蔚蓝的天空下，我一步步朝着玉米地走去。到了玉米地里，我用手拨开高大茂盛的玉米杆，使劲往里面走，一直走到估计谁也不会进去的地方——一脸扑到地上，趴在那儿嚎啕大哭！哭呀哭呀，不知道哭了多久……

玉米正值收获之前，长势非常好，绿油油的茎杆高大挺拔，显示着旺盛的生命力，地上偶尔有蛇"哧溜哧溜"地滑过。

已经不记得过了多久，太阳即将西下，差不多到时间了，我不想再待到夜幕降临，再晚了会有狐狸或者狼出现，那就更可怕了。就让自己的生命到此结束吧！我慢慢地从地上站起来，横在眼前的就是泥沼。

我正要踏出那一步——直到现在，我还记得清清楚楚——一瞬间，我听到了一个声音：

"等一下！等一下！"

确实，那个声音在我的耳朵边说话了，好像是女性的声音。

"等一下？"——这是神的声音？

我哭泣的心突然停止了挣扎，一心只想寻死的大脑也突然转了一个弯——如果就这样死了，结果会怎样呢？母亲和同学更会认为我是一个没有出息、脑子不好使、没有价值的人，他们会比现在更加嘲笑我吧。虽然现实非常残酷，我距离分数线2分之差落榜了，但实际上，我知道自己是有这个能力考上的，只是没能很好地发挥出来。可是，她们并不知道这些。跨出了这一步，我就只能背负着没出息、没能力、没价值这样的烙印，连同死去的身体一起被永远地埋葬……

那就证明给她们看看，我究竟是怎样的一个人！

我对着天空，一只手高高地举过头顶，对着神起誓：

"神啊，请看着我。一年，给我一年时间。再给我一次机会，留级一年，让我在学校再学一年。如果明年这个时候我还是没有考上的话，我会再回来这里，结束自己的生命。"

我想好了，如果复习一年考不上，再死也不迟。这一年，我会不顾一切地去努力，请神助我一臂之力。

我不是没有能力的人，我是个有价值的人！

大概是面对生死的一瞬间，内心真实的自我被召唤了出来吧！我与生俱来讨厌失败，虽然不是任何时候都要赢，但是一想到这是要决定人生胜负的，就非常珍惜这个机会。

现在回想起来，那种对生的渴望，就跟一心想寻死同样地强烈。神的声音唤醒了我，让我从死到生转了180度的弯！

这说明世界上还有等着我去完成的使命！我一边悲叹没有容身之地，一边非常生自己的气：就算考高中很难，也确实是因为实力不足才落榜的！我下定决心，抽回了本该踏到泥沼里的脚，转身向相反的方向迈去……

为了跟神的这个一年的约定，我要好好努力，争取考上高中；为了走向更大的世界，我要好好活下去！

边哭边说"难为你了"的祖母

当我离开玉米地走到附近祖母家的时候，天已经完全黑了。我跟祖母讲了事情的经过，死活都不想再回自己家里。一想到母亲对着我吼"去死吧"，我就感觉恐惧，浑身颤抖，不想再看到她的脸！

由于趴在玉米地里哭，泪水已经把泥土泡透了，我的脸上、衣服上沾的都是土。祖母看到我这样，不禁流下了眼泪："我可怜的孩子啊，生来有这样一个母亲，真是难为你了！"

那天碰巧父亲在家，他听到了母亲因为考试落榜而谩骂我。听说父亲当时非常生气，责骂了母亲："你这样也配当母亲？是说那种难听的话的时候吗？给我闭嘴！"但是母亲并没有听进去。

为什么母亲对我考试落榜那么生气呢？大概因为我让她丢了脸吧。她允许我转校、支持我考高中，认为我能顺理成章地考上高中，给她挣面子。结果事与愿违，我让她丢了人！

我跑出家一会儿后，父母注意到了，赶紧去附近亲戚家里找。父亲当时认为我一定是寻死去了，对母亲说："如果小丽

第一章
化茧成蝶：推倒"男尊女卑之墙"

有个三长两短，我一定不会原谅你！"母亲似乎也觉察到了事情的严重性，吓得哭了起来。

在祖母家里，我总算是缓了一口气。祖母一直是我的支柱，我问她："奶奶，我现在不想见妈妈，可以让我在你这里暂住一段时间吗？"祖母说当然可以，你就住在这里吧。直到秋天开学前，我都住在了祖母家里，不用每天都面对母亲，算是安然地过了一个夏天。

从9月份开始，我又复读了一年，每天依然走的是单程2个半小时的自行车之路。从祖母那里回到家中，母亲表现得像什么都没发生过一样，因为她被父亲警告了——"如果小丽有个三长两短，一定饶不了你！"我比之前更加专注学习，并没有花多少精力关注自己跟母亲的关系。

努力终于有了回报！一年后的夏天，我顺利地考上了高中，而且是大连屈指可数的升学名校——第十六中学！那片被玉米地包围着的泥沼，我再也没有进去过。

20年之后，我因为工作的原因回家，在路上偶然碰到了摆摊卖蔬果的一个女的。我认出她是我的同学，她同样也认出了我。我走近仔细地看着她，她的脸上已布满了雀斑和皱纹，她说："马丽，多少年没见过你了！现在的你，好像是从另一个地方来的一样！"

饥饿到哭泣的高中时代：
被认为是孤儿

哪怕是自杀事件之后，母亲对我的态度也没有软化。我虽然考上了高中，但考验依然存在。还没等我从学校的借宿生活中缓过神来，饥饿已经在等着我了。

每月10元的生活费，无论如何都不够用

晴空万里的9月，我开始了高中的生活。家住得远的学生都住在学校，每个宿舍住8个人，有4组上下铺。

每个月，母亲只给我10元生活费（按当时的汇率算大概是150日元左右）。学费国家给减免了，但是生活费，包括买饭、衣服、书、学习工具以及女孩子的生理用品等一切开支，都要从这10元钱里面挤出来。当时的1元钱大概可以买到一套上下衣的常装；如果是买食物的话，两角钱1根又软又大的油条，1元钱可以买到5根；买书的话要贵一些。按照当时货币的购买力来算，10元钱怎么安排、怎么节省都不够用。每个月，我都要坐2个小时的慢车回家，向母亲要下个月的生活费，来回往返的车费是3元钱。也就是说，实际上，我每个月能用来支配的生活费只有7元钱。

母亲明确表示不会多给我一分钱。她多次对我说："记住啊，你现在用的可是我的钱。"所以，我也早就放弃了找她多要钱的想法。跟她哀求，最终也只能换来更多的谩骂，搞不好还会动手，不吭声默默接受反而还会好一些。

我无法跟父亲诉说这一切。即使跟父亲说了，家里的钱都是母亲管着，父亲也很难拿到；另外，我也不想让他们夫妻因此吵架，导致家庭不和睦。他们一旦离婚，弟弟和妹妹该怎么办呢？所以这些遭遇我都不能跟父亲说，只能自己默默地忍受。母亲对于金钱偏执的程度，后续我会再细说的。

书和衣服所需的开支基本上是固定的，我能缩减的只有伙食费，真正省吃俭用的住校生活开始了。高中生正值生长发育期，我却不得不经常饿肚子，中午在食堂吃顿饭后，晚上就没饭吃了！我实在没办法挤出买晚饭的钱！

如果是因为家里穷，出不起生活费那也可以接受，但是我很清楚，因为父亲做煤炭生意，家里的经济状况很好。明明家庭条件很好，我却被迫过着连饭都吃不饱的生活，为什么会这样呢？我的心常常被这种剧烈的矛盾撕扯，十分地痛苦……

"你是孤儿吗？"

因为同住一个宿舍，8个人很快就了解了彼此的情况，宿舍其他几个同学家里基本都是农民。每到周末，父母会带很多吃的到学校看她们，有鸡蛋、玉米、花生等。同学和父母亲切又热闹地交谈着。原来，这就是父母和孩子之间的对话呀！我的家里从来没有过这样快乐的气氛。我偷偷看着同学任性地跟父母撒着娇，心里真是羡慕！

同学的家长说："孩子啊，每天都按时吃饭了吗？我给你带了鸡蛋来哦！"她们竟然说："我肚子很饱了，带这么多过来也吃不完啊！""妈，你别再来学校看我了，挺丢人的！"相比之下，我的父母基本上没来学校看过我。父亲那时比较忙，也或许因为我是一个女孩子吧；母亲一年大概就来过2次，也没带吃的或是别的东西。

我清楚地记得那天母亲来学校的情形。她一边说我乱花钱，一边扯开嗓子说："你倒是穿着挺不错的裤子，在学校也吃得这么好，你花着我辛辛苦苦赚来的钱，却买这么好的衣服！"

母亲并不知道，我边学习边跟饥饿做斗争，省吃俭用好不容易攒下钱买了这条裤子。我好想告诉她这些，但是话到嘴边又吞回去了。我害怕这样一说，她会认为我是在反驳，继而说出一些更过分的话来。大吼了一顿后，母亲毫不留情地走了，我也根本就不奢望她会给我带什么东西过来。

宿舍的房间很小，母亲的话宿舍其他人听得清清楚楚。母亲走了之后，一个室友问我："马丽，你是孤儿吗？我都没见过你回家。"这句话着实刺痛了我，我只能勉勉强强地回答："不是呀，我有父母的，也回家呀！"

有这样的母亲在，家里并无温馨可言。我每个月回家，都是在周五放学后最后一个离开宿舍，周六下午就又早早地返回。每次回来，宿舍里都空落落的，所以没有一个人见我回过家。

那天晚上，母亲回去后，趁着大家都睡着了，我忍不住跑到校园公园的一角，蹲在凳子上，放声哭了出来！我的脑海里一直回荡着白天室友问我的话——"你是孤儿吗？"——爸，妈，你们不来看我，我心里好孤单啊！可是，你们来了，也只会说我骂我。既然是母女，为什么要这样对待我？我们家经商，条件并不差，为什么不给我钱花呢？至少给我送点吃的吧！其他同学的母亲，每周都会来学校给她们送吃的，可是她们并不领情只会抱怨……

气愤、孤单、不解充斥在我心中。公园里开始刮起了北风，我一个人抽抽嗒嗒地哭着，无论怎么都想不明白，为什么我得不到父母的关爱……

然而，上了高中之后，因为只想集中精力好好学习考大学，我坚强了很多，已经不是初中时那个被孤立、被欺负的小丽了！因为不想被同学发现自己的弱点，我每天在教室里很开心地笑着，尽量让自己过得愉快一些。

学校食堂里装得满满的饭盒

当时我的班主任叫藤老师。他的鼻子经常红红的，跟当时其他的中国老师相比，没有那么刻板严肃，反而很绅士很有礼貌。校园里不允许恋爱，但他对于学生谈恋爱也不会说什么。藤老师对学生很好，他是从别的学校过来的，平时就住在学校，跟住校生接触的时间比较长，所以更加了解大家的学习和生活状况。

有一天，我被藤老师叫到了办公室。老师让我在他的办公桌前坐下，打量了我一番，问道："小马，你老实告诉我，为什么不吃晚饭？"

我不知道该怎么回答。老师应该是看到我平时很节俭，知道我节衣缩食的事情了吧。我既想告诉老师原因又不想让他知道。

老师接着问:"是因为家里穷吗?"

我心里犯起嘀咕:"不,老师,我们家不穷,事实上正好相反,我们家挺富裕的。"但是,如果真这样回答了,结果会怎样呢?老师肯定会问,既然家里有钱,为什么节衣缩食不吃晚饭呢。那样,我就不得不跟老师解释母亲是个守财奴了。老师肯定不能理解,为什么富裕家庭的父母,会让自己的孩子受这么大的罪。这些事情解释起来太费劲!当时正值中国改革开放初期,我们家是第一批富起来的,可是对于这件事,父母一直对周围的邻居保密,我也很忌讳跟别人说起来。

想来想去,我还是说:"是的,老师,我们家很穷。"

这是我第一次对老师撒谎。

"好的,我知道了。这样,我的妻子在学校食堂工作,你去食堂的时候,跟她说你是马英华就行了。"

学校食堂有家常菜、米饭、馒头等,选好了饭之后,食堂的工作人员会帮着把饭盛到饭盒里。中午,我一般都只选像大白菜这样的便宜菜。自从老师找我聊完之后,再带着饭盒去食堂打饭,师母就会把我的饭盒装得满满的。肯定是老师拜托师母那么做的!多亏了老师和师母的帮助,满满的一大盒饭,我中午吃一半,留下一半到晚上吃,这样,就勉强不用挨饿了。

冬天晚上的剩饭是凉冰冰的,我会倒一些热水热一下饭。藤老师看到后说:"这怎么行?把饭盒放到教室的暖炉上去。"这以后,我就把饭盒放在教室的暖炉上加热,晚上再不用吃冷饭冷菜了。我打心底感激藤老师所做的一切!在他的帮助下,我终于可以专心地学习了。

"我不允许转校"

当时我并不知道藤老师为什么对我这么关照。很久之后,当我问起来,藤老师说,他很早就注意到了我的成绩:"小马一定可以考上很好的大学。如果说那一年只有一个学生可以考上的话,那一定是马英华。"高中的定期考试非常严苛,一周之内要考7—8门课,我虽然没有每次都考第一,但不管是哪一科的成绩都稳稳地排在前几名。

在中国,考试的竞争非常激烈,一旦掉队,很难再追上去,学生的压力都很大,学校之间的竞争也非常激烈。大连几所升学率较高的高中也会有几个考上大学的,因此老师们的压力也很大。我每一科的成绩都很稳,藤老师坚信我一定能考上大学,所以不遗余力地支持我。

长大后,我从老师那里知道了一件让人震惊的事。他说,

第一章
化茧成蝶：推倒"男尊女卑之墙"

高二那年，我母亲曾经跑到学校找过他，说想让我转学到离家近的高中。他当时特别吃惊，就跟我母亲说："马妈妈，你知道在这么重要的节骨眼上，让你女儿转校意味着什么吗？高三开始不停地模拟考试，在高二这个重要的时期，让你女儿转到不熟悉的学校去，这等于毁了你女儿的人生。你知道吗？你这样做是在造孽啊！"

"你根本不了解你女儿有多优秀。我们学校有很多优秀的学生，但是，如果说明年只有一个孩子能考上的话，那毫无疑问一定是你的女儿。作为她的班主任，我敢非常确信地告诉你这一点！"

"你真的是马英华的亲生母亲吗？如果是的话，是不会在这个时候让自己的女儿转学的，绝对不会！我不允许你毁掉孩子的人生！如果你依然坚持的话，就请回去吧。"

藤老师保护了我！多亏了老师，我能在学校吃上热饭，能继续在学校待下去。如果没有老师，我会一直忍饥挨饿，肯定无法集中精力全身心地投入学习。感谢恩师为我做的这一切！

时至今日，母亲依然没有承认找老师让我转校这件事。

高中时代还培养了我对金钱的价值观。每月10块钱生活费的考验，可以说是一切的原点。作为富裕家庭的孩子，为什么不得不经历饥饿之苦呢？如果因为家里穷还说得过去，但是我们家里的钱多得几乎用不完，母亲却连吃饭的钱都舍不得给我，这是什么思维啊？

"钱的价值和使用之道"，在那之后成了我人生研究的课题。

无票乘车，噩梦变成现实

有一次，我不小心把10块钱的生活费全部用完了，为了拿下个月的生活费，无论如何都得回家一趟。但是，我又没有回家的车费。苦苦纠结之下，我还是决定回去一趟。

周末没有课，身无分文的我，为了回家，周五下午就离开了学校。这次没钱买车票，我怎么回去呢？想来想去，我心里暗暗下了一个决定。下午3点左右，我开始藏在车站附近，偷偷观察车子的情况，所谓的决定就是"无票乘车"。对于一个高中生来说，这是一个多么悲壮的决定。究竟是跟漫长的饥饿做斗争，还是冒险逃票回家，我几天前就开始痛苦地想这件事，晚上几乎都睡不着觉。没票的话，我会不会被乘务员揪出来，在大庭广众下受到苛责呢？这种画面常浮现在脑子里，让我感到身心疲惫。思虑再三，最终，我还是决定冒一次险。

晚上7点，乘车的人比较多，我看准了时机，混在人群里上了车。我的心紧张得"扑通扑通"直跳，几乎都要从嗓子里蹦出来了；眼睛向四周乱瞟、神色异常慌张。我看起来一定像极了可疑分子。

一上车，乘务员就开始在车厢里检票，我很紧张会被查到，心情无法平静下来。这是各站都停的慢车，我必须在车上待2个小时才能到家。为了不被乘务员发现，我悄悄地躲到厕所里，准备下车前一直藏在这里。时间过得真慢，什么时候是个尽头啊……

我躲在厕所里，屏住呼吸，一动都不敢动。可是，怕什么来什么——上车没多久，乘务员就来敲厕所的门！他一边"咚咚咚"地使劲敲门，一边大声喊："干嘛呢，准备在里面待到什么时候？赶紧出来！"外面好像吵吵嚷嚷的——完了，逃不掉了——我畏畏缩缩地从厕所里走了出来。

我告诉乘务员没有票，他开始严厉地责问起来："你是高中生吗？为什么不买票？你知不知道这是不对的？"我又懊悔又羞耻，眼泪忍不住掉了出来。四周围了不少看热闹的人，众目睽睽之下，我更感到无地自容。没想到，乘车之前脑子里恐怖的画面真的变成了现实！

真希望有个地缝能钻进去！我之所以流泪，除了觉得羞耻以外，更是因为明明知道逃票不好，却不得不这样做。尽管我把学生证给乘务员看了，他依然穷追不舍地逼着我付车费。

"我真的没钱买票，请饶了我吧，保证不会有第二次了！"我几乎是在哀求了。但是不管怎样他都不信，之后开始翻看我手上是否藏着钱，还把手伸进我衣服兜里检查。

"我已经说了很多次，真的没有钱，每天几乎连饭都吃不上！"我迫不得已地解释。乘务员不能理解，为何一个高中生身上连一点钱都没有。我被逼着买车票，还被一群看热闹的人哂笑，只能一边哭一边哀求："对不起，饶了我吧！"车快到站时，乘务员看我实在没钱买票才不情不愿地放弃了。我的心就跟哐当哐当晃动的车子一样，无法平静下来。

掉落在饭里的眼泪

当我脚步沉重地回到家时，天已经很晚了。打开大门，我看到母亲正盘腿坐着，好像吃着什么东西。

"你回来干嘛？"

这一声苛责使我浑身一颤，母亲一定知道我回来是为了讨要生活费的，所以故意用话激我。父亲不在家，弟弟和妹妹已经睡着了，中午没吃饭，我已经饿得饥肠辘辘，加上火车上遭遇的一切，母亲这话简直对我又是一次打击。我再也无力承受，眼泪忍不住就掉了下来：

"这难道不是我的家吗？生活费也是必须要用的。你如果给我送过去，我也就不用回来了。"我竭尽全力地回答。之前我忍了又忍，一次都没跟她顶过嘴。

我去到厨房。跟母亲虽然一个月就见一次面，但是她从来没给我做过一顿好吃的。厨房只剩下半碗饭，我一个人坐着，开始吃那点儿凉透了的剩饭。这时候，母亲依然穷追不舍：

"你退学吧！你上学花的都是我的钱。你的初中同学早都开始工作了，一个月能给家里赚 30 块钱呢！啊，我们家生活太不容易了！不管再怎么努力，哪怕是其他同学都考上了，你也考不上的！"

因为无票乘车的事，我已经够痛苦了，回到家还要受母亲这样的苛责……我的眼泪滴滴答答地掉落在冷冰冰的剩饭里，情绪陷落到了低谷。

不能跟母亲讲话和沟通，我强忍着痛苦，一边哭一边吃完了混合着眼泪的冷冰冰的饭。那冷漠的味道，我一辈子都忘不了……

我是绝对不会放弃上学的，难以想象退学以后在这个家里跟母亲一起生活的样子，我无法活在她每天的谩骂声中。

"看到底是毛主席赢，还是你们赢"

每次回家被母亲责骂，我都如坐针毡一般，经过几次折腾，大概在高二秋天的一个周日，我又被淹没在语言暴力中，感觉已经活不下去了。这回，难得父亲放假休息在家，于是我开口跟父母说："今天我有话要跟你们说。"

父母被我郑重其事的口吻吓到了，异口同声地问："什么事？"

父母坐在高出床的火炕上面，我站在稍微远一点的地方，可以很好地看见他们的表情。我心想，一旦说出以下这番话，父母肯定会恼火，甚至暴打我一顿，说不定会打死我！恐惧，让我的身体蜷缩着，我的双脚打颤，差点没站稳！

"妈，你每次都说我用的是你的钱，骂我，让我退学。但是，我告诉你们，我是不会退学的。"

我忍无可忍了。一直以来，我想着只要自己默默忍受就好了，从没跟父亲说过母亲的所作所为，因为不想他们因此离婚，让弟弟妹妹受苦，我必须保护弟弟妹妹！常年被超出忍受范围的无力感支配着，我觉得自己已经到了生死关头，再不想办法解决，都活不下去了！如果现在不说，不知还要等到什么时候。

我给自己打气，把这些年绞尽脑汁、苦苦琢磨的话，一股脑倒了出来:"如果,无论如何你们还是想让我退学,明天是星期一,法院开门,我们就法庭上见吧!"

"毛主席说过,对于未成年子女,父母有抚养的义务,而且有提供其教育的义务。如果你们坚决要放弃这些义务的话,我们去法院吧!看看到底是毛主席说得对,还是你们说得对。"

我几乎是跟父母面对面地颤抖着说完了这些话。也许是走投无路的我身上散发出来的气势压倒了他们,他们说:"这孩子……什么跟父母去法院呀……哪有这样的事?"

屋里陷入了沉默。不管是父亲还是母亲,都没有说去法院见的话。我心想:"啊啊!我竟然没被打,还活着!"我差点两腿一软倒下去……像往常一样,之后我拿到了10块钱的生活费,坐着火车回到了学校。

从此之后,母亲再也没有说过让我退学的话。

我赢得了留在学校继续学习的权利。这个关于"法院"的"提案",让我上学的问题成功地得到了解决。

当我还是一个女孩时,用自己的力量保护了自己,我切身感受到这是一件很了不起的事情。这是从多年的忍耐中挣脱出的行动,是"我想活下去"念想的爆发,是来自生命的召唤!这件事使我明白了法律可以保护自己,也成了我后来成为律师的一个契机。

活用逆境的信号

无论当下多么严酷,唯有心不能折服。

好了,这一章跟大家分享了我痛苦的少时经历。

想必很多朋友小时候也过得不怎么愉快吧?不过,越是痛苦的时候,越不能被现实压垮,不能像我当年在玉米地里一样,差点走向不归路。人一定不能被消极的心态支配着,只要你不放弃,等待你的,将会是一个更大的世界!为了从痛苦的遭遇中挣脱,为了"逃向"外面的世界,应拼尽全力——这绝不是什么丢人的事,反而会给予你力量,让你变得更强大!

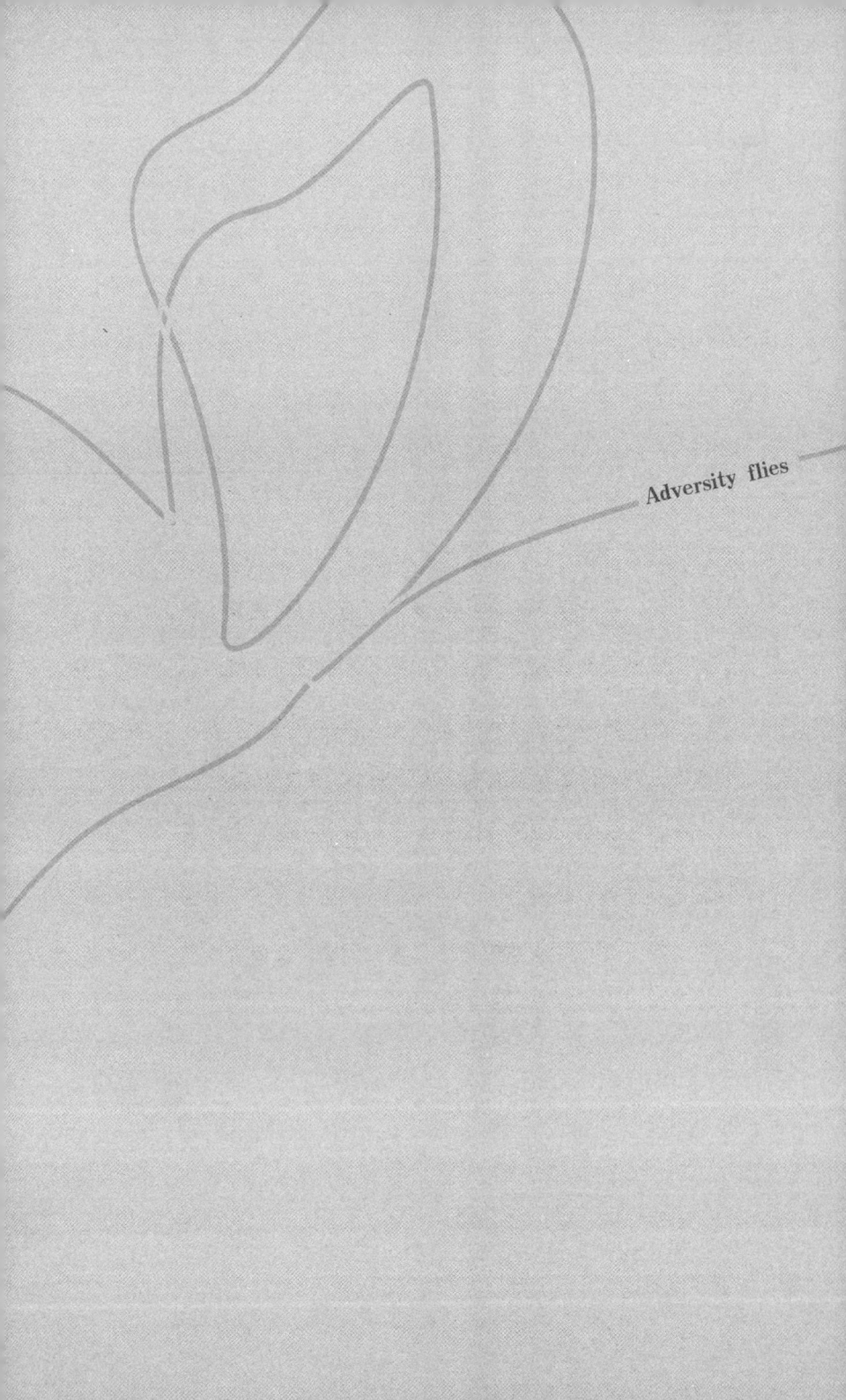
Adversity flies

第二章

破除「外国人壁垒」

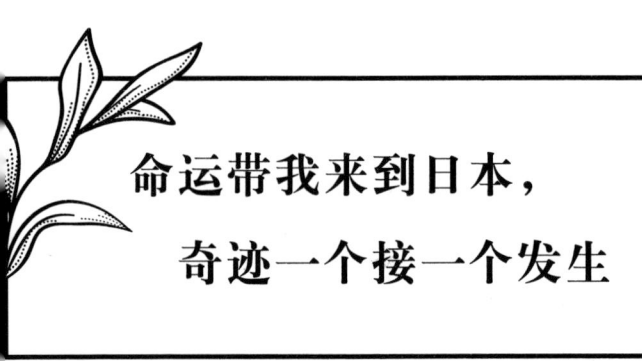

神奇地从病中康复

高三那年冬天,我得了很重的病,是血管发生病变,长了静脉瘤。

我就读的高中位于203高地旁边,日俄战争中,两国曾在那里激战过。203高地是一块小丘陵,因海拔203米而得名。一天,我跟一个好友去那儿学习,回来之后,莫名其妙地发起了高烧,过了几天烧也没退。我脸上的部分肌肉麻痹了,嘴不能正常地动,口水止不住地往下流;两只脚严重浮肿,痛得连路都走不了。眼看高考就要到了,偏偏在这么重要的节骨眼儿上,我却不能学习,心里非常着急。

学习的时间所剩无几,我却卧床不起,什么都做不了。我想,这下肯定考不上心仪的大学了。病迟迟不见好,我被迫转到大一点的医院。医生说:"跟你父母商量一下吧,如果再这样下去不见好的话，就只能截肢了。年纪轻轻蛮可怜的……"因为我的血管有炎症，一旦形成血栓，流到心脏和肺里，就会引发生命危险。我赶紧向父母求救，好在父母认识一个精通针灸的阿婆，父亲急忙背着我去找她诊治。

那是一个年纪很大的乡下阿婆，后来才知道，她是一位针灸名医。阿婆看了我的脚说："再晚来一点就麻烦了。不过放心，可以治好的。"她马上开始了治疗，用的是现在已经禁用的很粗的针。扎了很多针之后，阿婆让父亲挤我腿上的血，大量的坏血开始往外流，那血竟然都是黑色的！

这种治疗方法激发了我身体的自愈力。过了一周，我再去见阿婆时，血液的颜色就变成了正常的红色，浮肿也一天天地消减了。我的腿像去皱了一般，非常快速地缩回了原来的样子。最终，我痊愈了！真是奇迹！这么久病都治不好，但就在考试前夕，症状全都烟消云散了！

高考是在当年7月份进行的，已进入初夏。高考之前，学生先要接受体检，如果体检不合格，就得不到校医的签字，参加不了考试。当时，我还在病中，没有拿到校医的签字。不用说，这等于是放弃了考试。针灸治疗好之后，我跟藤老师说病已经痊愈了。为了拿到校医的签字，藤老师特意准备了给校医的礼物，并对我说，这次我们一定要拿到签字！

第二章
破除"外国人壁垒"

在中国的传统文化里,一般送礼时,不能只送一样,通常要多准备几样。这样,对方才能充分感受到送礼人的诚意。当时老师买的几样东西,我到现在都记得清清楚楚:一袋饼干、一袋糖、一瓶白桃糖水罐头和一瓶酒。在1985年的中国,这些东西非常贵重。饼干和白桃糖水罐头我见过,但是从来没有吃过。

藤老师带我一起去见校医。到了之后,他什么都没说,只把几样礼物轻轻地放在校医的桌子上。校医还记得我,他看了一下我的脚,说:"藤老师,我现在马上给你们签字,你把东西带回去。这孩子的脚能治好真是奇迹!跟上次来的时候相比,她简直像换了个人一样。"

握着校医签过字的资料,藤老师的手在颤抖,我不禁流泪了。我跟滕老师一起,沉默着回到了学校。老师不仅解决了我吃不饱饭的问题,还想方设法让我考大学,此时,他的脑海里,不知是否浮现出找他谈判的我母亲的样子。

在藤老师的帮助下,我顺利地参加了高考。

我的恩师,鼓励我填报志愿

高考之后,开始填报志愿。因为是在完全没有准备的情况下参加的考试，可能预估不准成绩，我失去了填报志愿的勇气。

填报志愿截止的前一天，我还在家里，听说附近河堤边搬运石头的人手欠缺，就跑去帮忙干活。我埋头于重体力活中，试图忘记填报志愿的事。正当我累得汗流浃背时，父亲骑着摩托车来了，非常严厉地冲着我喊："你在干嘛？不提交志愿书吗？赶紧去学校，不然有你好看的！"后来听说，好像是藤老师专门委托别的老师到家里来，让我去学校提交志愿的。在老师的关心鼓励和父亲的殷切期望之下，我决定提交志愿。

当时已经是傍晚了，学校离家很远，步行或是骑摩托车根本到不了。那时的中国还没有出租车，路上跑的都是货车。火车趟数很少，也不是很好的出行工具，再说哪怕赶上了火车，也不能按时到校。正在发愁间，我想到了一个办法——搭便车。

父亲把我送到通大车的路上，在路边等着。过了一会儿，远远地看见一辆卡车开过来——就是现在！我不顾危险，冲到马路中间，挥舞着双手，朝车子喊："停一下！"车停下来了，我和司机打了个招呼，没想到，这辆车竟是我高中学校的车子，现正在返回学校途中！真是不可思议！司机笑着说："你的运气真好，快上来吧！"我心怀感激地坐上了车。

晚上9点左右，我终于到了学校，差一点就赶不上志愿提交的截止时间了！藤老师一直在等我。我跟老师说，第一志愿

第二章
破除"外国人壁垒"

希望不大,因为考前生病,基本上没怎么学习。老师斩钉截铁地说:"不会的。你是有实力的,一定能考上!"

有了老师的支持和鼓励,我鼓起勇气,填报了大连外国语学院(即现在的大连外国语大学)。次日,藤老师帮我提交了与志愿相关的所有资料。

经历了焦急的等待之后,分数线下来了——我考上了!大连外国语学院的日语学院在全国日语专业中排名第一!好像我们全班70多个学生,总共就3个人考上了。奇迹再一次发生了!如果不是考上这所学校,我想自己也不会学习日语吧。

父亲的生意,搭了改革开放的顺风车

这里要说一下,我为什么选择大连外国语学院。

大概是高二的时候,我就考虑要考大连外国语学院了,因为我预测到"接下来这个时代应该要学习外语",我确信未来的中国会迎来越来越多的外国人。一个原因是国家出台了新的政策。1978年,中国的领导人邓小平提出了"中国要脱贫,要开放经济"的改革开放决策。他说的"不管白猫黑猫,抓到老鼠的就是好猫"这句话得到了广泛的传播。新政策的影响相当迅猛,连当时是高中生的我,都感受到了即将到来的巨大

"浪潮"。

20世纪80年代的中国，跟以前相比，发生了天翻地覆的变化，人们体会到了很多创业的机会。"成为有钱人不是犯罪"，这种意识逐渐获得了人们的认同。1980—1981年间，各种机遇一下子涌现了出来。父亲使我切身感受到了这些变化。20世纪70年代后半期，我的父亲以个人名义创办了公司，开始经营煤炭生意。之前几年，国家宣布允许一部分人先富起来，1982年我读初三那年，国家又扩大了个人经营的自主权。中国开始改革企业的经营方式，不管是创业还是经营企业，人们都得到了发挥才能的机会。

大连以北的鞍山以制铁、产钢等出名，像鞍钢这样的大型国有企业到现在依然存在。当时，父亲是这样做生意的：首先，跟鞍山当地的矿场合作，采购他们的煤炭；之后，通过火车运到我们当时的住处——大连的近郊金州；然后卖给当地的客户，包括学校、国有企业、个人等。

那些在矿场跑市场的人，经常来我们家跟父亲谈生意。我家附近没有什么像样的饭店，他们也没什么钱，所以每次来都是父亲接待他们。我那时还是个十二三岁的初中生，不过已经是非常优秀的"马家的女商人"了，周末不用上课时，我经常列席"商业谈判"。

第二章
破除"外国人壁垒"

说起来有点不可思议,我似乎很受这些生意人的青睐。虽然我年纪很小,但是这些大人们说的话,我都能够听懂,并且还能做出回应。我时而说一些搞笑的话,逗得他们哈哈大笑,时而在关键时刻插话,发表自己的看法:"这样一来,煤炭的售价就太高了""我父母这样都不赚钱的,价格再降一块钱吧""就这样同意了吧,下次我们还一起吃饭"等等,我时常独当一面地与人交涉。

双方因价格谈不妥时,我就会提议取一个中间价格:"这个价格的话,双方都不吃亏,就这样吧!"听我这样一说,他们就笑说,好的,既然这孩子都这样说了,那就这样吧。双方就此谈妥了生意。

我小的时候,如果在家里接待重要的客人,母亲会在厨房张罗饭菜,一般情况下,妇女和孩子不能跟客人同桌吃饭。他们吃的是一家之主(即丈夫)和客人剩下的饭菜,这是当时的习俗。但是我不怕生,自然而然地就跟客人们一起坐在了饭桌上。为了能够和客人很好地交谈,我一般会提前让父亲告知来宾的名字、性格、家庭情况等。

北方矿场来的人,无论男女,都喜欢喝白酒。他们边喝酒边谈事情,喝着喝着,情绪就高涨起来。因为父亲不会喝酒,他们有点看不起父亲,觉得扫兴,但是经常会被我说的话逗得哈哈大笑。客人们都喜欢跟我聊天，他们喝着笑着，不知不觉间生意就谈成了。

这种"商谈"，是我对做生意最初的体验。一吨煤炭以什么样的价格买入，再以什么样的价格卖出才能获得收益，诸如此类的交易，很好地培养了我对市场行情的感知力。我还亲身体验了收益是如何与收入挂钩的。

马上成万元户

当时，人们对煤炭的需求量非常大。煤炭是日常生活不可或缺的能源，不仅能用来做饭，天冷的时候，还能用来烧炉子取暖。

那是公共交通不发达、也没有私家车的年代。一般情况下，人们能从当地的街市上买到煤炭。尽管家庭和企业有各自的渠道弄到煤炭，但是因为供应不稳定，需求较难满足。大量的煤炭只能通过火车从一个街市运送到另外的街市，到了目的地车站后，往往已经是半夜了，而且车站距离目的地一般也很远，根本无法运输煤炭。这就导致煤炭的供给非常不畅。

因为在百货公司上班，父亲非常清楚人们对于煤炭巨大的需求，也注意到了人们购买煤炭时的不便。于是，他一家家地

第二章
破除"外国人壁垒"

拜访需要煤炭的客户,提前问清楚他们需要多大的量;然后,联系矿场采购大宗货物,租一整节货运火车车厢(大概是2—5吨)用以运输,这基本上需要几天的时间;之后,提前告知客户煤炭到达的时间和地点等,待到货后,当即与客户完成交易。

客户会提前在车站安放煤炭的大片场地等着,货到了马上称重,之后拿走各自订购的部分。虽然当时已经有卡车了,但是马车、牛车也还在使用(那时我叔叔家养了3头牛,我有时会去他家玩)。

在物流还不发达的年代,父亲从远处运来刚需物资到当地销售,这门生意大获成功,我们家成了街上唯一的煤炭采购点。当时,准确地判断天气情况是挺困难的,因为堆放煤炭的场地是露天的,我们时常担心下雨会淋湿煤炭。

由于煤炭生意做得很好,家里的收入飞速地增长,我们家很快就成了万元户(80年代初期,在农村实行了改革开放政策,年收入达到1万元以上的属于富裕阶层)。父亲在百货公司上班,月工资才60元,足见这是收益非常可观的生意。

曾祖父和日本做贸易

因为我是个女孩，父亲在我刚出生时，曾感到非常失望，但是，他对我们兄弟姐妹还是倾注了父爱。父亲对于长女的我特别关爱。他看到我带着弟弟妹妹，还能利索地处理家务活，觉得我是个聪明伶俐的孩子。父亲为了找到好的生意点子，往家里带回过各种各样的产品，并逐个研究琢磨。他思量再三，最终想到了做煤炭生意。我曾多次参与父亲的生意，跟他一起不断摸索。不知不觉间，父亲开始跟我一起商量事情，探讨想法，倾诉苦恼。我会从自己的角度提出一些建议，虽然还有些稚嫩，但是父亲已经能接受了。我跟父亲之间有了很多的交流。

父亲是一个积极向上、忍耐力超强的人，还非常善于转换心境。他经常思考如何活用逆境，从而走向更好的境地。

父亲曾跟我讲过一段关于"洞穴里的内裤"的往事。"文化大革命"期间（1966—1976年），父亲被下放到农村，住在洞穴里。他的工作就是挖洞，运送粪便等排泄物。整整三年，他忍饥挨饿，在终日见不到阳光的洞穴里住着。那里的卫生条件很差，生活环境相当严苛。

其实，最让父亲难以忍受的是寒冷。在潮湿阴暗的洞穴里，就算把衣服全部穿到身上，也会冻得瑟瑟发抖。牙齿冻得直打

第二章
破除"外国人壁垒"

架,根本没有办法睡觉——父亲每天过的就是这样的生活!然而,他旁边有一个人每天只穿着一条内裤,竟然睡得很香,还打呼噜。父亲见状心想,也许模仿这个人,晚上就能睡好了。于是,他也只穿着一条内裤睡觉,谁知真的睡得很香!由此,他悟到了问题不在于能否忍受寒冷,而在于能否适应这个寒冷的环境。

大概是经历了生死的缘故吧,父亲经常对我说:"人生没有什么坎是跨不过去的,虽然忍受了很多磨难,但我还是挺过来了!不管发生什么事情,心一定要放大一些,要多一点忍耐,要磨炼自己去适应环境。"父亲的这番话,至今依然对我影响很深。

我跟日本产生连接也是始于父亲。很早的时候,大连的日本老师曾教过他日语,所以,父亲有时会对着还很小的我说一些诸如"早上好""起床啦"之类的日语。之后,我问起他学日语的事,父亲说:"老师当时非常严厉,但是挺好的。我非常地认真,学到了很多东西。"

我们家还有一位跟日本有渊源的传奇式人物——我的曾祖父。他是一位商人,跟日本做贸易非常成功。听说他曾用一条小船,把猪、玉米、大豆等物资运到日本去贩卖,这种生意用现在的话说叫"国际贸易"。那大概是1910年左右的事,运送商品的目的地好像是日本的长崎。

我经常听亲戚谈起一段往事。当曾祖父的船航行到大海深处时，船上的猪纷纷跳进了海里，大概是因为猪陷入了恐慌吧！后来，曾祖父硬是靠着人力，将船驶到了日本！如果这些都是真的，那曾祖父真是一位不怕死的冒险家！

曾祖父从日本带回了很多东西，其中有一台留声机。当时日本刚有留声机，他就带了回来，还加上了唱片。留声机的体积相当大，那会儿可是非常流行的。据说，曾祖父有时会把留声机背在身上出门，用手一转，就能开启一场现场"音乐会"。他大概是想让大家也听听音乐，看看稀奇的东西吧。

曾祖父富于挑战和进取的基因，隔代遗传到了父亲身上。他们都有走在别人前面、承担风险、积极进取的勇气和魄力，我想，我身上也流着这样的血吧。

我跟随父亲学习了商业运作的模式，认为接下来的中国一定会发生很多变化，富人会越来越多。随着改革开放进程的推进，国家肯定会涌入很多的外国人。我确信，学外语要远比为了当老师学数理化更有用。正因如此，我选择了学习日语。

无论是学习日语的想法，还是了解商业运行的模式，都是我在学习、思考和实践中萌发和形成的。

第二章 破除"外国人壁垒"

少女的大冒险：跨越中国，与日本结缘

1985年，中国实行改革开放政策不久，我心潮澎湃地敲开了大连外国语学院的大门。伴随着改革开放的春风，各个大学都恢复了高考招生，但好的大学还是非常少，竞争很激烈。我选择的日语系，一个学年大概招收100名学生。我运气比较好，被选到了只有20名学生的师范班。进到这个班里的学生，都可以分配到与教育相关的工作，将来能够成为大学老师。

我考上大学后，家里在方圆十里八村都出了名。在中国的农村，像考上大学这样的喜事，格外受到关注，大家会像庆祝节日一样置办酒席，场面非常地隆重。家里有个考上全国知名大学的女儿，母亲一下子成了名人，村里人争先恐后地祝贺她，还问她究竟是怎么成功地教育孩子的，母亲那时候可自豪了。

不过，在家时，父亲和母亲并没有对我表示祝贺，反而扔来一份账单。我一看，是大学住宿所需的日用品明细表：毛巾、床单、枕头、香皂、洗脸盆等，每一件都详细地标注着"1角""1元"等价格。他们对我说："这钱算借给你用的，毕业了要马上还钱！"

在外面，我还能听到"恭喜你考上了"之类的祝福语，踏入家门，收到的却是父母的催款单。我实在无法理解这样的父

母，心情如同跌入了冰冷的洞穴一般无比失落。

大学里的同学都非常优秀，学习很努力，我也把精力集中在学习上。虽然学校不用交学费，但是最起码的生活费还是需要的。这些生活费，都是我跟父亲和母亲以借款的形式要过来的。

大连外国语学院坐落在一座山的山脚下，虽然离市中心有些远，但只要出校稍微走一下就到住宅区了，非常热闹。学习累了的时候，我经常去爬山，有时跟朋友一起，有时自己一个人。在山顶可以看到海和夕阳，风景非常美。太阳的余晖映照在海面上，波涛滚滚，光影变幻，令人百看不厌！20岁的我，时常一个人沉浸在这美景当中，任由思绪驰骋。

但彼时，如何还上父母的钱，却着实让我犯愁。如果不想继续费神，唯有"经济上完全独立"才行。如何独立呢？看到夕阳，我突然灵光一闪："去南方的话应该能找到工作吧。"把我学到的日语用起来，说不定可以做短期的日语导游赚钱。

当时，中国还没有"打工"这个词，更没有学生想过打工的事，因为工作是国家分配的，不用自己找。但我跟别人不一样，在拿到工资之前，实在受不了因为钱的事再被母亲说什么。为了早日自立，我必须尽快找到工作。

大连外国语学院汇集了来自全国各地的学生，有一个大我

第二章
破除"外国人壁垒"

一届的学长是广州人,大学一年级的暑假,我找到他,直截了当地问:"放假回家的时候,能让我跟你同行吗?"广州对我来说就跟外国一样,连怎么去都不知道。之后,我说服了不情不愿的母亲,总算借到了差旅费,当然,只是拿到了单程的费用。

台风来袭,放弃船行,改为火车

现在有了飞机、高铁,还有私家车等多种多样的出行工具,但是在 80 年代中期,旅行这个词还远未被大众熟知。衣、食、住等所有的需求都可以在自己生活的地方获得,没有特别的事情大家是不会去外地的。

看一下中国地图,会发现从大连到广州,乘船的话,是由中国的东海岸画一个半圆南下而行。广州就在香港的边上,到大连的距离,大概是从北海道的最北端到鹿儿岛的最南端那么远吧。为了找工作,这也远得有点离谱了!这得冒多大的险啊!

我心下认定在南方能找到工作,最初虽担心得不行,但一旦决定要去,就马上行动起来。经过短暂的准备后,我跟学长一起上船了。从大连港出发没多久,路上就遭遇了台风,到山东半岛时船搁浅了,我们只得在青岛下船。本来计划悠闲地坐船去,中途却不得不换乘普通的慢行火车,到广州还要行驶

2600公里！当时，去广州的火车比较少，一天只有一趟，还不能提前预约座位，非常不方便。

好不容易上火车了，谁知火车上既混乱又拥挤，简直让人抓狂！时值炎热的7月，车厢里没有空调，过道到处站的都是人，被挤得水泄不通，根本没法走动。想上厕所时，只能从人群中挤过去。车上什么都有，大人、孩子、婴儿、行李、鸡、兔子……列车的响声，婴儿的哭声，食物、汗味、家畜的味道，混合在一起，整个车厢嘈杂不已。广袤的中国大地上，唯一的出行工具就是火车。大家坐不起贵的席位，一股脑儿全涌到了普通车厢里。

每到一个停靠站，车上都会售卖当地的特色小吃，有煮的花生、枣，还有粽子、饮料等，这跟日本车站售卖的盒饭截然不同。小贩们都做好了准备等车到站，乘客则是生怕赶不上买东西，车子一到站就蜂拥到小贩那里购买。人多混乱，上下车往往要花很长时间，一旦停车，基本上没有半个小时火车是走不了的。

因为担心上厕所困难，我基本上没怎么吃东西；也很想睡觉，但没有地方躺，只能站着眯一会儿，感觉非常累。

我们乘的火车从青岛出发，一路经过济南、郑州、武昌、长沙等名城，几乎穿越了中国的整个中部地区。几天后，我们

第二章
破除"外国人壁垒"

终于到达了广州！我的心情非常激动，跟着急回家的学长分开后，找到他说的便宜旅馆，办理完入住，进到屋里倒头就睡了！

有熊猫的动物园

到广州之前，我一直在校园里学习，别说旅游了，连远门都没出过。尽管如此，我还是采取了这么大胆的行动，简直像直接飞到海外一般！年轻人热血沸腾起来，真是让人觉得恐怖！

广州人个头儿较小，服装跟大连人也不太一样，说的是粤语，而我说的是普通话。我在这里就像个外国人，跟当地人交流起来困难重重。

一个没有见过世面的学生该怎么找工作呢？我在这儿人生地不熟，不知道下一步该怎么办。没有太多时间磨蹭了，我含糊地觉得旅行社应该有机会，但是当时连旅行社的门都还摸不着。

"去公园找找看！"也不知道我为什么会冒出这样的想法，也许是凭直觉吧。广州的越秀公园非常有名，我在公园里转着转着，不知不觉走到了动物园区。动物园区有一个很大的卖土特产的商店，看起来生意很好。因为动物园区里有熊猫，很多国外的游客都会来看，其中也包括很多日本游客。

突然，我想到了一个主意，于是毫不犹豫地进到店里，问店员："您好，我是来找工作的，请问店长在吗？"店员有点迷惑地看着我说："你是哪里人？你说找工作是什么意思？"我说："我是大连外国语学院的学生，想在你们店里工作。"店员说："这样啊，那你稍等。"没想到学校的名声都传到了这里，关键时刻，我沾了学校的光。

店长是一位50岁左右的男性，我开门见山地说："您好，我想在暑假期间找份工作。我看店里日本客人挺多的，您这边需要会日语的员工吗？"

"我正在找会说日语的人！这里没有人会说日语。你是大连外国语学院来的吗？你是怎么从那么远的地方到这里来的？"店长微笑着问我。

"我坐了好几天的火车才到这儿。"就这样，我们开始了对话（店长说的是桂林话，同时掺杂着普通话，两人交流总算能够听懂）。

"你今天就可以开始工作了。"随着店长爽快的一句话，我被录用了！

第二章
破除"外国人壁垒"

给我名片的日本客人

多么幸运啊！在店长的安排下，我开始在店里卖土特产，负责对接日本客人。工资是提成制，可以拿到自己销售商品金额的3%。这个店非常大，有十几个店员，还有厨房供给饭食，一天三餐不用发愁。动物园里有一个湖泊，景色非常美。这里的人对我很亲切，我工作得很开心。

日本客人主要是来看熊猫的，看完之后都非常感兴趣，所以与熊猫相关的商品很畅销。此外，店里还售卖品质上乘的丝绸、杂货、卷轴、国画等，其中特别有人气的是丝织毛毯。这些特产售价不菲，但是当时的日本客人觉得很便宜。店里其它高价的东西，也很快就销售一空了。

作为唯一会说日语的店员，我有了很多跟日本人对话的机会，忙得不可开交。有一次，一位年长的日本客人问我："你的日语说得很好，是在哪里学的？"我告诉他自己是大连外国语学院日语系的学生，现在是利用暑假时间来打工的。他听完后就说："从大连跑这么远来打工赚学费，你很努力，很棒！"说完递给我一张名片。我一看，名片上是一个非常知名的公司，个人职位那里写的是"会长"，当时我还不知道"会长"这个头衔是什么意思，心想"大概是什么会的领导吧"。

这位客人身边跟着一位秘书，我向他请教"会长"这个词的意思，他告诉我"是在社长上面的的职位"，然后说："刚刚我们会长给了你名片不是，你好好保存着。等你来日本的时候，可以来找他。会长很看好你，到时候来我们公司工作。"

后来，我又收到了很多日本客人的名片，厚厚的一沓，手里都拿不下了。在跟日本人的接触中，我感受到他们的善意。他们得知我边学习边打工，都夸我很努力、很厉害。那些温暖的话语，常常让我非常感动。

当时正值中国经济的高速发展期，来中国的外国人多数不仅仅是观光旅游，更多是为了深入考察、增长见识，以便更好地了解中国。虽说我在大连学的是日语，但是从来没有这么近距离地接触过日本人。在广州动物园，我第一次体会到这个国家民众善意的一面。后来，这种体会很快就转换成了"我想去日本看看"的冲动。广州暑假打工的经历，除了增加我经济上的收入，还给了我关于日本的美好想象。第二年，我又得到了在北京分店工作的机会。之后，我就开始为去日本留学而努力。

如果不是店长给了我这份工作，我的广州之行肯定会完全不同！可能就像人生某个关键时刻，上天会派一个人来帮助我一样，但我也不是只坐着啥也不干，等着人来帮忙。为了找工作，我付出了很多努力，一路风雨兼程才到达遥远的广州。只

第二章 破除"外国人壁垒"

是没想到这么快就能幸运地遇到了店长这样的贵人!

我肩负着独立生存的重任,为了凭自己的力量活下去,必须果敢决断。哪怕面对的是千疮百孔的状况,我也要马上行动起来!我幸运地遇到贵人,出乎意料地解决了在大学如何生存的问题,也为未来开辟了一条道路。由此,我深切地感受到,只有行动才能铸造美好的人生。

"前所未有"的留学决心

当时日本的经济形势一片大好,从海外涌入大量的游客,企业大规模地购置不动产,就像现在中国的情形一样。

因为是外国语学院,所以学校图书馆有很多海外杂志和报纸,我经常去图书馆阅读报刊,了解到日本经过高速成长期,已发展为经济强国。

身为年轻的女性,我对日本现代女性时尚的书尤其感兴趣。从照片中,我发现她们穿的衣服和中国的不同,呈现的是富裕国家百姓的形象。从二战后的1945年到1985年的40年间,日本究竟是如何高速发展的呢?我非常想知道其中的答案。我想学习日本好的、优秀的地方,以资借鉴,回国之后可以派上用场。中国该如何应对未来蜂拥而至的外国人,我想,从日本身上肯定能得到一些启发。

我决定去日本自费留学，并向大学提交了申请书。当时中国还没有完全对外开放，人们不能简单地出国，那会儿甚至都没有"海外留学"这一说法。学校偶尔有公费留学的老师，但是普通的大学生基本上没有出国的机会。大连外国语学院当时已建校60周年了，但我提交的自费留学申请，却是前所未有的。

大三快要结束时，日本已经批下了我的留学签证，但是我的护照还没有申请下来。申请护照需要学校签发介绍信，负责处理学生各项杂事的是学生科。为了拿到介绍信，我每天都跑到科里跟负责人哀求。他的答复是：没有前例，批不了。他说，因为我是国家支付学费的学生，对国家来说非常重要，不允许出国。

日本签证都已经下来了，可是竟然拿不到中国护照，我十分焦虑。

突然，我脑中闪过一个疑问："大学生真的不能留学吗？"想到这里，我马上拜访了一位去日本留过学的老师。那位老师是公费留学的，他告诉我："按照国家的政策，大学生大四之前是可以自费留学的。几年前的报纸上有发过公告。"

既然这样，就必须找到发布公告的报纸！我跑到图书馆，拜托图书馆的管理员叔叔帮忙。我经常去图书馆，跟图书管理

第二章 破除"外国人壁垒"

员比较熟悉，他很愿意帮我一起找多年前的旧报纸。

无论如何，要赶在大四之前找到报纸，时间已经不多了！之后的一周时间，每天放学后，我就赶紧跑到图书馆，跟图书管理员一起分头找报纸。我们把眼睛瞪得大大的，不停地翻找堆得厚厚的报纸，直找得天昏地暗。

鼓起勇气直接找校长谈判

功夫不负有心人，报纸终于找到了！那是三年前的一份报纸，纸张都已经泛黄了。太好了，终于让我拿到了凭证！

我决定赌一把，直接找校长谈判！那天吃完饭，我把报纸装到口袋里，来到校长办公室。敲门的时候，校长刚好在办公室。做了自我介绍之后，我跟校长说明了自己的窘境。我决定去日本留学，但是因为没有学校的介绍信拿不到护照，去学生科申请了很多次还是不给签字。我以请求的口吻跟校长说："请您帮帮我，给我一次机会吧！"说完，我把报纸上关于留学的报道给校长看："您看，国家的政策是允许大学生留学的。"

校长听我讲完，看了报纸，对我说："不用担心，我支持你，快回去上课吧！"

我的心终于放下了，激动得流下了眼泪，对校长说："谢谢您！您的大恩大德，我一辈子都会记得！"我不知道该说什么，几乎都想跪谢了。汉语有一个词叫"贵人"（指左右自己人生的人，自己非常重要的恩人），说的就是校长这样的人。我只不过是成千上万的学生中的一个，校长却能用心倾听并且理解支持我。

果然如校长所说，我马上就拿到了介绍信。大概是校长特别安排的吧，介绍信是直接由我们班的班主任拿给我的。之后差不多过了一个礼拜，我就成功拿到了护照。

整整三个月，我跟学生科负责人斗智斗勇，精神上超级疲惫。从中我悟到了一个道理：凡事都要"尽人事而听天命"，只有这样，才不会留下遗憾。做任何事都不能放弃，要以誓死的决心去努力；如果已经尽力了，还是不能获得成功，才可以心安理得地接受结果。

不管是在有留学经验的老师那里打听"大四之前是可以自费留学"的信息，还是图书管理员帮我一起找有明确记载留学政策的报纸，甚至是校长的理解和支持，这其中不管欠缺哪一环，我都不可能去日本留学。留学这个梦想，真是一个又一个的奇迹累积起来才成真的！

确定了去日本的时间，接下来只要等着出发就行了。实际上，过程没有那么顺利，意想不到的事情发生了。

第二章
破除"外国人壁垒"

和钱一起消失的母亲

法国作家巴尔扎克的小说《欧也妮·葛朗台》，以19世纪法国农村为历史背景，描述了吝啬的主人公葛朗台和他女儿的故事。葛朗台以红酒生意起家，成为当地有名的暴发户。他为人极其吝啬，在他眼里，自己的妻子和女儿还不如一枚硬币。这是一个几近荒唐的守财奴形象，非常出彩。在中国，这部小说被演绎成相关的电视剧，很受欢迎。如果说某个人"简直就是个葛朗台"，即指其是个吝啬鬼。

我母亲的吝啬程度不亚于葛朗台。母亲深信"在女孩子身上花钱没有任何意义"，一方面，因为生活在农村，另一方面，也由于中学毕业之后就直接结婚了。对于母亲来说，我可能只是一个可以随意使唤干家务活的工具吧。与之相反，弟弟集万千宠爱于一身，享受着父母的宠爱。父母经常在一家人面前说：如果儿子能读大学，就不用担心自己的老年生活了；上了年纪，只要跟着儿子过就好了。父母对待弟弟的态度跟对我截然不同。他们还记录下我上大学时所用日用品的价格，我花过的钱必须一分不少地还给他们。

母亲对于金钱近乎变态的执拗，在我去日本之前，终于造成了意想不到的后果。

"一定会马上逃回中国"

历经千辛万苦，我终于拿到了去日本的护照。日本的签证从下发之日起，三个月之内，不出境的话就会自动失效，所以我必须马上准备机票。去日本的机票钱大约是4500元人民币，以父亲当时月工资60元来算，是75个月的工资——这无异于天文数字！

区区一个大学生不可能有那么多的钱，我跟家里人说明了去留学的事情，机票钱打算跟掌管家里财政大权的母亲借。因为数额巨大，我提前很久就跟母亲请求。最初，她既没说同意也没说不同意，因为她从来没有真正地理解去日本留学这件事。

我坚信母亲不会发自内心无条件地赞同我去日本，但这毕竟是难得的好事，她也不至于反对吧！另一方面，父亲非常支持我去日本："小丽有勇气，头脑也聪明，应该抓住好机会，去日本发展。"

所以，我既没得到母亲的承诺，也没提钱的事，日子就这样一天天过去了。临出发一周前，我开始着急起来，想早点把机票买好。我从学校宿舍跑回家，跟母亲再次请求："请借钱给我。我去日本之后，一定还给你。"

母亲斩钉截铁地说："在国外生活是很难的。不到一年，

第二章
破除"外国人壁垒"

你肯定会哭着喊着逃回中国。投入产出不成正比,我是不会借钱给你的。"

出发之日迫在眉睫,母亲却不支持我,我不禁打了个寒颤。谁知,令人吃惊的事发生了——母亲竟然带着钱一起失踪了!

生死一线的摩托车事故

我们家是"万元户",家里是有钱的。家中一切财权由母亲掌管,大额的钱没有存银行,都是自己保管着。在我的印象中,母亲好像曾把类似存折一样的东西装到罐子中,埋在了院子里。

那一天,母亲突然不见了!我们等了又等,她都不见踪影。父亲带我找遍了母亲可能去的亲戚朋友家里,但是得到的回复都是"不知道"。因为父亲不管家里的钱,当然也不知道放存折的罐子埋在哪里。

父亲、我、妹妹三个人拼命找这个罐子,家里、院子里翻了个遍,也没有找到。太阳下山了,天开始暗下来,我们不得不结束了"搜索"。

"既然这样,也没有办法了。没事儿,不要担心,跟爸爸一起去借钱，有一个靠得住的朋友。"大概晚上七八点钟的时候，父亲一脸无奈，边说边准备出门。他的眼睛里好像还闪着泪光。我坐在父亲的摩托车后面，朝着朋友家出发了。

路上一片漆黑，父亲骑得很快。当时，狼时不时地还会在偏僻的农村出没。在车灯的照射下，黄土和砂石铺就的路面显得昏黄无比。不知道骑了多久，只见迎面驶过来一辆卡车，卷起了一片黄沙，只能听见卡车的轰鸣声。摩托车和卡车车速都很快，突然间，卡车像一个庞然大物一般，透过眼前模糊不清的黄沙，横在我们的面前！

卡车的灯光非常刺眼，似乎要把混浊的大气撕裂开，我们的摩托车像被吸进去一般撞向了卡车！那一瞬间，光像裂开了，身体在砂石路上翻了几个滚！我是死了吗？……意识变得模糊了，我一瞬间失去了知觉！

"小丽，小丽！没事儿吧！？"我听到了父亲的呼唤——啊，我还活着——顿时松了一口气。为了让父亲放心，我赶紧说："没事儿。"同时看了一下自己的膝盖，发现已经流血了。我用手摸了一下脸，手上沾满了血。

我们在砂石路上翻了几圈，浑身上下到处都是沙子，稍微拍打衣服就荡起一片灰尘。不过我们保住命也全靠了这些沙子。

沙子比较松软，在我们撞向地面的时候起到了缓冲的作用，如果这是铺设好的道路，估计我们的情况会更严重。

父亲身上被磕碰得不轻，但他还是站了起来，把摩托车扶好。卡车司机被吓了一跳，赶紧从车上下来，问道："没事儿吧？去医院看下吧！"我们回了一句"没事儿"，就匆匆忙忙地赶路了。

为了我，父亲低头求人

刚从撞车事故的惊吓中平复，我们就再次向父亲朋友的家里奔去。到达目的地已经是晚上十点钟了，开门的人看到父亲跟我脏兮兮的，浑身是血，吃惊地问："你们俩这个样子，到底发生了什么事？"

在农村，人们都睡得很早，深夜时分，我们这样出现在父亲朋友家中，一定不是普通的事情。父亲的朋友马上说："有什么我能帮上忙的尽管说。"他招待我们进屋，先给我们处理了身上的伤。我往椅子上一坐，阵阵疼痛顿时袭来。之前我的脑袋都是晕晕乎乎的，没有感觉到痛。

父亲开门见山地说："请帮帮孩子吧。"边说边把头低了下来恳请，"无论如何，请借点钱给我。现在着急用钱，实在是不好意思，我一定还给你。"父亲的自尊心很强，至今为止从来没有跟别人借过钱。我第一次看到父亲为了我这样求人。

父亲跟对方解释了原因，夫妻俩知道我们家经济挺宽裕，非常吃惊地说："没想到你老婆能做出这样的事儿！这个女儿是你老婆生的吗，不是养女吧？"

"不是养女，确实是我们的亲生女儿。"

听到这样的对话，我都不知道该说什么。

对方知道了事情的经过，当场就把钱借给了我们。去日本的机票钱总算有了着落！不管是对父亲，还是父亲的那位朋友，我内心都充满感激之情。同时，我也感觉十分悲伤，之前就隐约觉得母亲对于金钱的执拗，早晚会惹出祸来。这件事更印证了我的想法！

母亲带给父亲的打击似乎比我还大。知道孩子学习着急用钱，母亲作为家长不愿意掏钱还玩失踪，惹得父亲又急又气，在漆黑的路上看不清方向，晕晕乎乎地就撞了车！父亲是无法原谅母亲的行为的。

母亲后来若无其事地回了家，据说藏到了朋友家里。最终，我也不知道钱藏在哪里。留学的事情确定下来后，我发誓，往

第二章
破除"外国人壁垒"

后哪怕再孤单、再艰难,也不会依赖母亲了。

借到钱买到机票,我开启了新的人生旅程!

打工受到深深的侮辱

1988年9月,我终于迎来了去日本的日子。父亲和妹妹到大连机场送我,第一次坐飞机,我激动得心怦怦直跳。这是我人生中重要的一天,母亲和弟弟却没有出现。母亲失踪了,弟弟因为受到母亲的影响,极力反对我去日本。没有看到家里人聚齐,我心里感觉很遗憾、很凄凉……

不知什么时候,飞机降落在了日本。我终于踏上了这片向往已久的土地!在这陌生的地方,我开始了新的人生。

来到日本后,外国学生要先上一年的日语语言学校,也就是所谓的"就学生",之后才能考虑是否考大学。"就学生"的签证和旅游、出差的签证都不同。人民币和日元的币值不同,为了维持学费和生活,大多数学生不得不打工。举例来说,我父亲的月工资,按照当时的汇率折算大概是900日元,而同时期日本大学毕业生的薪资,可以达到15万日元。简直是天壤之别!父母亲不可能给我经济上的援助,在日本的一切生活费,

第二章 破除"外国人壁垒"

都必须自己想办法解决。

我住的地方在东京的巢鸭（sugamo），公寓里只能放下三张榻榻米，非常小。来日本不到三天，我就开始在日刊《打工新闻》上找工作，以支付生活费和语言学校的学费。接下来上大学的一切开支，我都得自己想办法搞定。

当时日本正处在泡沫经济时期，人口出生率比现在要高，工作不容易找。我只是一名学生，再加上没有什么关系，找工作难上加难。便利店的时薪很高，比较有吸引力，晚上的话还会有夜班补贴。但当我询问是否招工时，直接就被拒绝了。接下来，再接下来，也都被一一拒绝了！不管到哪里，我都被告知"没有雇佣外国人的前例"，更过分的是，有时被拒绝之后还会加一句"我们一旦雇佣你，就意味着一个日本人的就业机会被抢走了！"

在日本，不仅仅是找工作难。有一次去买鞋子，正试鞋时，旁边一个年纪大的女店主突然冲着我喊："滚回中国去！"被一个完全不认识的人这么吼着，我就像被打了一顿，有理说不出，心里委屈极了。

没想到，等待我的竟然是日本人这些无情的言语。他们一看到中国人或者其他亚洲国家的人，脑海里就会浮现"贫穷"两个字。"中国是个贫穷的国家"——这根深蒂固的偏见使很多人都误解我，认为我是"从中国来挣钱的"。因为自己从来没这样想过，所以在日本遭受歧视时，我非常震惊。事后我想，之所以自己会被误解，是跟当时的形势不无关系的。当时中国处于改革开放初期，去日本的人很少，而日本又正经历非常严重的泡沫经济。

根据日本旅游局的统计，1988年，访日的外国人有235万，2016年增加到2400万。现在，在日本的街头见到外国人一点也不稀奇，日本人也在努力营造良好的氛围。但我来日本的时候，却是另一番景象。

我的出生地大连对日本的包容度很高，我对日本有着良好的印象，但是，没想这里会不接受我，我时常觉得困惑和难过。

既来之，则安之，我在心底这样安慰自己。想想到日本留学这件事，本身就是通过一个个奇迹实现的。既然来到了这里，不管多痛苦，自己都能忍受。必须开辟一条生路！

在接连的应聘失败之后，我终于找到了打工的机会。

为不同货币的价值感到困惑

耳边回荡着优雅的古典音乐，室内空间饰以葡萄红为底色……这家位于东京秋叶原的咖啡厅，氛围非常优雅。我终于

第二章 破除"外国人壁垒"

找到的工作,就是在这里当服务员。乘坐日比谷线到秋叶原站后,从地面出口出来直走一点就到了。

这是一家比较大的咖啡店,总共有8名员工。我出勤的时间是每天下午1点到5点,即午饭后一直到下午茶的时间段,时薪是500日元,上手了之后每次大概会涨50日元,我辞职之前的时薪是650日元。根据东京劳动局的资料来看,1988年,最低的时薪是508日元(2017年10月1日,时薪是958日元),也就是说,我当时拿着最低的时薪在工作。

在日本,一般企业都会在下午安排间隙的休息时间,这个时间段,一些商业人士还会在外面跑客户。咖啡厅主要招待的是这些人。那会儿非常流行的一句广告语是"你可以战斗24小时吗",诚如广告中所言,这些人确是企业的"战士"。

遭受上司欺凌

我一边为"企业的战士"提供服务,一边身陷"职权骚扰"的漩涡。欺负我的人是我的上司,掌管着大厅的一切事项。他大概50岁左右,个子不高不矮,长相毫不起眼。在大家目光所不及的厨房里,他每天用粗暴的言语虐待我,有时还会对我动手!

中午的时候，工作比较忙乱。我两手端着盛满意大利面、汤和咖啡的托盘，在厨房里一遍又一遍地被他催促："跑起来！跑快！快点！"他老说我配餐太慢。我觉得很委屈，因为两手各端着一个托盘，上面的食物还放得满满的，怎么可能跑得起来？

每次回到厨房，他都会责难我，并让我跑起来。情急之下，我有一次真的小跑了起来。果不然，托盘"啪"地一声脆响，掉在了地上！盘子里的食物飞溅出来，洒到了边上一位客人的鞋子上。

我赶紧低头鞠躬道歉："实在是不好意思！"幸好事情没有发展得更严重。但是，这件事一直被上司揪着不放。要不是因为被催着快跑，怎么会发生这样的事？我真的不知如何是好。有一次，这个上司还从背后踢我的脚，我想他大概是要踹我的屁股吧，但是没有踹中，就踢到了脚上。

"应该是吃草的吧？"

让我深感痛苦的，还有日本人对中国及中国人的蔑视。

"快点滚回贫穷的中国去。嘴上说着为了上大学，实际是来赚钱的吧！""就是你这样的中国人在抢夺我们日本人的工

第二章 破除"外国人壁垒"

作。""中国好像特别穷吧。大家是不是都穷得吃草?"

我似乎要窒息在这些歧视的话语中了!因为不堪忍受言语暴力,我奋力用拙劣的日语回击:"不是这样的,我是为了更好地学习才来日本的!"他们根本不听我解释。我想反驳,但又不具备更好反击的日语水平。表面上,我依然阳光积极,哪怕是被骂,也会精神十足地回复:"好的,我明白了。"因为我知道如果反驳了他们,更会被认为狂妄傲慢。触怒了上司,搞不好会被辞退。我脸上在笑,心里却在默默地哭泣。我也想找别的兼职工作,但当看到招聘广告打电话过去,还没说两句时,电话就被"啪"地挂掉了。100个电话中,可能没有几个会认真听我说下去。我的求职被一个个地拒绝了。

如果有别的打工机会,我肯定早就从这里辞职了。要是有能教汉语的工作就好了,但是当时日本人对汉语基本不感兴趣。上司对我进行欺凌,我也没有朋友亲戚可以倾诉。

"中国是没有自由的国家!看看日本,经济发达,路上这么多的汽车。你见过汽车吗?中国只有自行车吧?""不穷?别撒谎了,不穷为什么来这里工作?"上司经常对我说歧视中国的话,但我既不屈服,也不辞职,他肯定非常不高兴。他每天都重复着这些诬蔑性的言语,无休无止。有好多次,我实在是受不了,就跑到洗手间里平复一下情绪,转换一下心情再出去。

我的归处，在巢鸭的一间小公寓里。那是一个破旧的木制房子，看起来跟快要倒了一样。一走在走廊上，地板就"咯吱咯吱"地响，不管再怎么小心翼翼还是会发出很大的声响。每天夜里忙完回到巢鸭，走过咯吱咯吱响的走廊，进到漆黑的屋里，反手关上门的一霎那，我的眼泪就如决堤的水一般流了出来。

在别人面前哭就等于认输，自己的软弱会暴露无遗，我只能在屋里暗自垂泪。之后，我开始考虑接下来的路，经常想着"要不离开日本，去美国吧"。每天，我都和自己战斗着，"想回国"这个念头始终在心头萦绕。"马上、立刻放弃现在的生活，下个月就回国，明天也可以。这样的工作，辞掉算了"，就是靠着这样的幻想，我才让自己保持平静。

我当时觉得，上司是日本人的代表，他的话就代表了日本人的话，全日本的人都是这样想的。因为总被这种想法包围着，我万分痛苦，感觉日本"就像地狱一般"！

忍受面包香味的诱惑

在疲惫的打工生活中，还有一样东西让我非常痛苦，那就

第二章
破除"外国人壁垒"

是食物。因为不想在外面吃饭,我就自己煮米饭、炒菜等。做饭最怕浪费,所以我经常使用既便宜又与其它菜百搭的材料——蛋黄酱。它储存起来很方便,尝起来稍微有点酸,配着蔬菜和饭一起吃,相当美味。对我来说,蛋黄酱是非常重要的食材。

公寓里没有浴室,洗澡要去澡堂。有一次我洗完澡,站到体重秤上一称,天呐,体重竟然比来日本之前增加了10公斤!我想来想去,罪魁祸首应该就是蛋黄酱。从那之后,我就果断地戒掉了蛋黄酱,一直都不再吃了。现在,只要一接触蛋黄酱,我的身体就会做出应激反应,本能地排斥它。我想,大概是害怕那些痛苦的回忆又在脑海中复活吧。

住处附近有一家面包店,面包的香味常常飘散在空气中,那是可以让人心灵一颤的幸福的味道。我经常趴在橱窗上看着那些面包。它们形状各异,摆放得整整齐齐,烤得恰到好处,颜色金黄金黄的,看起来真好吃啊!我在中国没有见过那么多面包,真是大饱眼福!

当然我不是买不起面包,只是一想到生活开支、未来上大学的学费,就只好咽一咽口水放弃了这口福。当务之急是存够钱,轻重缓急的顺序不能颠倒,半个日币都不能乱花。虽然一个面包也就一两百日元,在日本算很便宜了,但若换成人民币,在国内能买二十个面包，相差二十倍，天啊，舍不得！

我心里暗忖，既然这样，就忘掉面包吧！可脚还是不听使唤，朝着面包店迈去。我经常进店里，不过不是买面包，而是为了让自己沉浸在面包的香气中，似乎那样就已经吃到了面包一样。

可爱的人

我在秋叶原咖啡店的工作比较忙，基本没时间跟同事聊天，但有时会和一位40岁左右的女同事说说话。记得她每周出勤2—3天，是2个孩子的妈妈，她说想做兼职补贴一些孩子的学费。

每当被上司骂得眼泪汪汪时，她就会安慰我："无视他，无视他！只有他一个人这样说，不是所有人都这样哦！""你做得非常好，明天也要来哦！"她还经常跟我搭话："小马，你还好吗？肚子饿不饿？"每天上班前先看看她的脸，成了我必做的事情。跟她的聊天虽然十分平常，但却让我十分宽心，所谓正常人之间的交谈，不就是这样的吗？

我的另一份工作是在巢鸭的一家日式餐厅服务，下午6点开始上班。下午5点，结束了在秋叶原咖啡店的工作，我便急

第二章
破除"外国人壁垒"

急忙忙地乘坐JR(日本民营铁路)的山手线,摇摇晃晃15分钟之后在巢鸭站下车,然后跑到店里,换上工作服(简单的日式和服)、穿上足袋(日式布袜)开始工作。

餐厅的老板娘60多岁左右,穿着和服,看起来非常优雅。她十分友善,告诉我穿浴衣(简单的和服)要把左边的衣襟放在上面。当我做错了事,她会耐心地跟我分析原因,直到我理解为止。老板娘经常表扬我:"小马你很聪明,做事也非常细心!"餐厅还为员工提供饭食,有天妇罗、炖菜、日式牛肉火锅等。老板娘看我吃不习惯纳豆会说:"今天想吃什么?上次这个你吃了很多,我们吃别的吧。"

虽然这项工作一直要站到深夜,是一项强体力劳动,但让我开心的是,我的付出得到了一些老顾客的认可。有些客人会说:"小马你是哪里人呢?""大连啊,我以前去大连出过差。""我们是来见你的哦。""我去京都了,带点土特产你尝尝。"这样的回头客增多了,老板娘也很高兴。老板娘把我当普通女孩子一样看待,能够让她开心,我感到十分欣慰。

有时深夜店里关门之后,同事们会一起去唱卡拉OK。老板娘的女儿在附近开了一家小酒馆,大家在那儿唱菅原洋一和石川绢代的曲子。一开始我还挺有精神地唱着,后来睡魔来袭,无论如何都坚持不到最后了。经常大家玩得正嗨的时候，我就已经躺在沙发上睡着了。

夜里1点半左右，卡拉OK结束了，我被同事催促，睡眼惺忪地往家走。次日早上，确切地说应该是几个小时之后的4点钟，我必须要起床，赶到下一个工作的地方；之后去日本语学校上课；吃完午饭之后，秋叶原的谩骂已经在等着我了。

半年之后，因为找到了其他条件好一些的地方，我辞掉了秋叶原的工作。有一次，从叫我"小马"的那个中年女同事那里听说，谩骂我的上司后来离婚了，还不被允许见自己的孩子。他的所作所为，我一辈子都无法忘记，但是他过得也不容易，我心里不免也挺可怜他。

那家咖啡店，现在已经没有了……

背水一战，超越极限的日子

上课以外的时间被打工填得满满的，我一天要干3份不同的工作。时间安排大致是这样的：早上4点，天还没亮的时候出门，先是去宾馆的餐厅当女服务员，之后去学校上课，中午去工厂加工零件，晚上在餐厅工作。每天，我都累得筋疲力尽，回到家已经是半夜了。

虽说工作已经累得够呛，但是如果考不上大学，一切都会失去意义，所以无论怎么艰苦我都坚持学习，立志考上大学。工作时间已被我安排到极限，还必须确保学习的时间。我每天都像打仗一样，所谓的背水一战即是如此吧！能否考上大学，令我感到不安和揪心……

为了去上班，每天天还没亮，我就走在去巢鸭站的路上。虽说日本是自己想来的，但没想到在异国他乡等待我的，竟是这样艰难的日子！好想再多睡一会儿，就一会儿。有时走在路上，香喷喷的面包还会恍恍惚惚地浮现在脑海中。

路上除了我，一个人都没有，黑暗笼罩着黎明前的巢鸭。因为太想再睡会儿了，不知不觉间，我的眼泪就扑簌扑簌地往下掉！寒冷的冬天，冷气从脚底窜到身上，眼泪马上变得冰凉，似乎要冻在脸上了。我使劲憋住不哭出声，一边流泪一边走，快到地铁站时，路灯已经亮了。不管你多早来地铁站，这里永远都有人在。我不想被别人看到哭的样子，赶紧擦了一把眼泪，坐上地铁赶往工作的地方。

这时支撑着自己坚持下去的，应该就是无论如何都要克服困难的坚强意志吧。没有人能为我这个外国学生做担保，所以贷款很难办下来。工作上一偷懒，生活马上会维持不下去，我真希望能多睡几个小时啊！在强烈的渴望和危机感的纠缠之下，我的日子过得紧紧张张的，每天都像在走钢丝一样。

外国人，女人：双重苦难

时间过得飞快，眨眼间，作为"就学生"的一年时间马上就要到了！在这之前，必须要决定是留在日本考大学，还是回中国。

如果回到暂时保留了学籍的大连外国语学院，将来毕业后有"铁饭碗"的工作，生活非常安稳；选择留在日本的话，回

第二章
破除"外国人壁垒"

国继续读书的通道就关闭了,已经确保的教师工作也没有了。在日本,若能考上想去的学校当然好,但这没有任何的保证,一切都是未知数;如果考不上,留学签证就会失效,到时回到中国也已经失去学籍,不能继续上学了。留在日本,我要承担非常大的风险。

我已经慢慢习惯了在日本的生活,也渐渐喜欢上了日本。我还想再多学习一些日本好的地方,想知道日本经济在短时间内快速发展的原因。如果不弄明白这些,我是不会回去的。

因此,我决定继续留在日本,放弃重新回到国内读书的机会。虽然曾经梦想过当老师,但是我确信,中国经济接下来会有非常大的发展,自己应该尝试新的事物。可能是受曾祖父跟日本做贸易的影响,或者跟父亲从事煤炭生意有关,我觉得自己身体里流淌的是马家创业者的血液!

切断了退路,无论如何都必须考入日本的大学,我拉开了背水一战的序幕。我丝毫不敢放缓学习的进度,哪怕考不上一流的大学,能上难度相对低一些的学校,也是可以的。抱着这样的决心,我努力为自己加油。

早稻田大学的考试

来日本的时候，除了早稻田大学，我对其他学校几乎一无所知。早稻田大学的名气很大，在中国几乎无人不知。中国的重要人物，像李大钊（政治家，中国共产党创始人之一）、陈独秀（政治家，中国共产党的主要缔造者和早期主要领导人），曾来早稻田大学留学，他们在著作中都提及了早稻田大学。早在大连的时候，我就暗自考虑要去早稻田大学留学。

但是，我报志愿的法学部据说非常难考。对于学法律的人来说，语言是非常重要的，外国人学日本语的难度更大。即便如此，我一直坚信"学习法律可以保护自我"，所以一直将考入法学部作为自己的目标。

1989年，我参加了专门针对外国人的大学入学考试（这项考试由日本国际教育支援协会实施，名为"自费外国留学生统一考试"，要考几个科目，2002年，在日本学生支援机构实施"日本留学考试"后废止），包括几场测试。首先考的是全日语的大学入学考试，招生的学校都将其纳入考核之中，所以考生必须取得好成绩；之后考的是"日本语能力测试"，由于大部分大学都采纳这项考试成绩，所以这门课也要考好。其他的考试科目包括日本史、数学、社会等等。这些考试真的很难，我估

第二章 破除"外国人壁垒"

摸自己不一定能考上。另外还有面试,由于之前准备得很充分,我应答得还算好。在结束早稻田大学的考试之后,我马上又坐公交车去下一个学校提交志愿书。

结果,我竟然考上了!我拒绝回国的复学机会跑到日本学习,终于获得了回报!

1990年,我如愿进入了理想中的大学。在为外国新生举办的欢迎宴会上,担任考试面试官的法学部主任教授跟我说:"小马,你很有胆量,有气魄!"当时,我不懂这句话的意思,便问旁边的一个人。他说:"这是夸赞你的话哦!"回家之后,我马上翻字典查,"有胆量,有气魄"的意思即坚持主见,对外界的影响不动摇,是非常好的词汇。直到现在,我都觉得"有胆量,有气魄"两个词很特别。

当时,早稻田大学法学部还没有中国的学长,很多事情我不得不自己解决。开始上课时,有些日语听不懂,我就坐第一排,努力听老师说的每一句话。宪法课不懂的词尤其多,简直让人头大!记忆中,我唯一没有在当年取得学分的就是宪法课,教授还发现了我在课堂上打瞌睡……

学习时遇到问题,我会去各个教授的办公室请教。有一位教授是英国人,想让我陪他一起练习中国象棋。于是,我就抱着学习英语的目的,经常陪他练习象棋——我的英语就是这样学会的。

除了上课和打工,我还参加了交流会和学习会,一方面是想快捷地获取一些新的信息,另一方面,也想倾听发生在别人身上的故事。

我加入了早稻田大学历史悠久的法律社团,放学之后经常参加类似研讨会的活动。社团里面有一位女生特别喜欢赛马,经常讲赛马的事,于是大家也开始对赛马产生兴趣。社团中律师和法官辈出,但有趣的是,他们都对赛马非常着迷,经常讨论得热火朝天,这让我感到非常开心。此外,我还加入了空手道部,和社团成员一起流汗、学习。空手道部有一项训练是在校园里跑步,同学们一个个都像猛将一样跑得飞快,把我远远地甩在了后面。队长怕我感觉失落,一直非常友好地鼓励我。

拒绝人事负责人提出的内定

我每天埋头于学习和打工之中,三年时间眨眼就过去了。1993年,我开始找工作,当时日本的经济发生了明显的变化,泡沫经济已经消退,企业招聘也陷入衰败期。

我准备毕业后就参加工作,希望摆脱经济上的困境,安安稳稳地做名公务员。但是在日本,这样的就职名额是不对外国

第二章 破除"外国人壁垒"

人开放的。

那时,恰好赶上史无前例的"就职冰河期",找工作非常困难,基本上没有企业录用新的毕业生,女大学生就职情况更糟。1994年11月6日出版的一份报纸登载了以下报道:根据日本文部省对学校基本情况的调查,今春大学毕业生的就职率(毕业生中就职者的占比),比往年低5.7个百分点,接近战后最低水平,女大学毕业生就职率更低,只有67.6%。实际上,这个数值已经是战后的最低水平了。泡沫经济时期的就业率超过了80%,谁知,之后的形势竟然急转直下。

环视一下班里的同学,仅仅只有一小部分男同学拿到了内定,其他大多数男同学都要成为职场浪人。班里的8名女同学基本都想当公务员。我想进贸易公司做国际性业务。当时,日本公司的女性工作职位包括两种:一种是贸易、销售等综合职位,另一种是以办公为主的一般职位,综合职位和一般职位是分开的。我想进的贸易公司只招收一般职位,所以即使是想做综合职位的工作,也只能以一般职位入职。

我应聘了50家公司,其中,能进到面试阶段的只有贸易公司和保险公司2家。他们提供了2个销售职位。不久之后,我拿到了贸易公司的内定。这是我好不容易拿到的内定,明年春天,我就可以成为社会人士了!

一次，这家贸易公司把5名拿到内定的人员召集起来，举办了一个聚会。聚会结束时已经是晚上10点多了，公司的人事负责人（年纪已经很大了）突然对我说："我想去你家里喝杯茶！"

我心想，这个时间喝什么茶呢？转念一想，便清楚了他这句话的意思，就问他，这难道是内定资格的交换条件？他毫不掩饰地说，是的。我明白他在暗示我，如果拒绝他的话，我的内定资格就没了。他的职位可以轻轻松松决定一个女大学毕业生的内定资格。

我不可能同意。但是如果拒绝他，内定资格就会被取消。在就业这么难的状况下，内定资格如果被取消了，我接下来该怎么办？我已经不是学生了，签证会失效，也不能在日本继续待了，只能回中国去。我拒绝了已经到手的中国教师工作，大老远跑到日本来，为的是什么呢？估计这个人事负责人断定，一个中国的女大学毕业生，无论如何都想保住内定名额，我肯定不会声张，只能悄悄地接受他。

我觉得特别恶心！在家里，遇上有男尊女卑思想的父母，自尊心被践踏得一塌糊涂；来到这里，没想到又因为是女性，经历这样恶心的事情！我无法忍受这样的屈辱，斩钉截铁地拒绝了他："那就请把我的内定资格取消吧！"

第二章
破除"外国人壁垒"

没过多久,我的内定资格就被取消了。

那时,我脑子还闪过一个想法:日本待不下去的话,就去美国!冥思苦想之后,我再次意识到,作为女性,最好不要做一般职位,要做一名懂法律的专业人士,因此必须掌握更多的专业知识。我决定放弃就职,改为考研究生。可这时准备研究生考试的时间已经很紧张了,于是我便跟当导师的教授商量。

我跟教授说想进大学研究生院,在他的研究室学习公司法。教授说:"即使是日本人也有好多年都考不上的。"报考该研究室的考生,考试时是由其他老师负责打分的,所以不管怎么跟教授说,也得不到什么特殊的照顾。教授事先跟我说明:"你参加考试倒是没什么,但是要自行承担一切责任。"也就是说,我一旦没考上,只能自己解决问题。距离考试只有几个月的时间了,我不得不再一次背水一战。

我仔细研究了一下过去 30 年考试的题目,发现每 4 年就会循环地出一次类似的题目。已经没有太多时间了,我决定开启考试倒计时,采取撞大运战术。

从被小鬼追赶的梦中得到启发

考试前两天的晚上,可能是由于过度紧张,我做了一个奇怪的梦。我梦到在教室里被小鬼来回追赶，我用尽所有力气奔跑，大声地向坐在教室中间的老师求救，但老师只是哈哈大笑，看着我无动于衷。

我瞬间从梦中惊醒！听到那个笑声，心里明白老师是不会救我的。这样下去肯定考不上！真是胆战心惊啊！老师肯定看透了我的备考战略，所以不会再循环出题了。这个梦给了我一些暗示："这样的学习方法是错误的，要考虑一下其他的方法。"但是，这时离考试只剩一天时间了！

只能采取滚筒战术了！我把老师的教科书、参考书以及过去出版过的著作（大概有7—8本）全部看了一遍，将每一页的关键词提取出来，只对重点部分进行学习理解。因为天太冷了，我只能裹着毯子，集中精神，几乎不吃不喝，一直看到了考试当天凌晨4点钟左右。

上午9点钟，考试开始了。我看了一遍考试题目，发现竟然跟每4年循环出的题完全不同，里面有新的题目出现！虽然当时我的头脑是清醒的，但是，因为现实跟梦境几乎一模一样，所以感到特别地震惊。半个小时左右，我都没有办法下笔做题！

周围传来沙沙的声音，这是其他考生用铅笔在纸上写字发出的声响。他们把我飞到另一个世界的思绪拉了回来。这时，距离考试结束还有一个小时，我努力冷静下来，仔细再看试卷，

第二章
破除"外国人壁垒"

发现有的题目是昨天复习过的,有的题目在教科书的某页出现过……就这样,我靠着模糊的记忆答出了不少题。我将记住的碎片化内容,像盖房子一样,一部分一部分地组装起来。考试前一天抽取关键词和重点内容的复习方法,果然非常奏效。

考试结束后,我顺路去了附近的池袋西武百货,乘电梯上下楼,漫无目的地来回晃悠……如果考试落榜上不了研究生,签证就会到期,国内的工作也没了。我心里暗自埋怨出题的老师!

一个月之后,公布成绩的日子到了。我跑到学校去看成绩,当发现我考试编号的最后2位数字在成绩公布榜上时,感觉好兴奋啊——终于考上了!这场超级难考的考试,只有2个人考上了。

那个被小鬼追赶的梦,给我带来了好运。

现在,每次跟大连外国语学院的同学见面,他们众口一词,都说我决定留在日本的决断简直太鲁莽、太难以想象了!同学们大都过着顺风顺水的生活,他们大部分是大学的老师,还有的从事贸易相关的工作,都挺成功的。他们中没有一个人像我这样,拒绝到手的工作,跑到异国他乡选择其他的事业。

我想,无路可走的时候自然会有新的生路开启吧。从那以后,我的命运按照从未想过的方向发展!

活用逆境的信号

融入异国他乡确实很难做到，但是，如果坚持苦中作乐，就能享受其中。

我刚来日本时，外国人总被日本人当作异类对待。同样，去国外的日本人也有同样的经历和感受。现在想起来，确实有很多痛苦的回忆，但是，后来我渐渐地适应了外国人的身份，生活也变得游刃有余起来。生存在这个文化、习俗和中国迥异的世界里，等于将自身置于逆境之中！只要始终积极向前看，周围的一切就会变得更加美好。

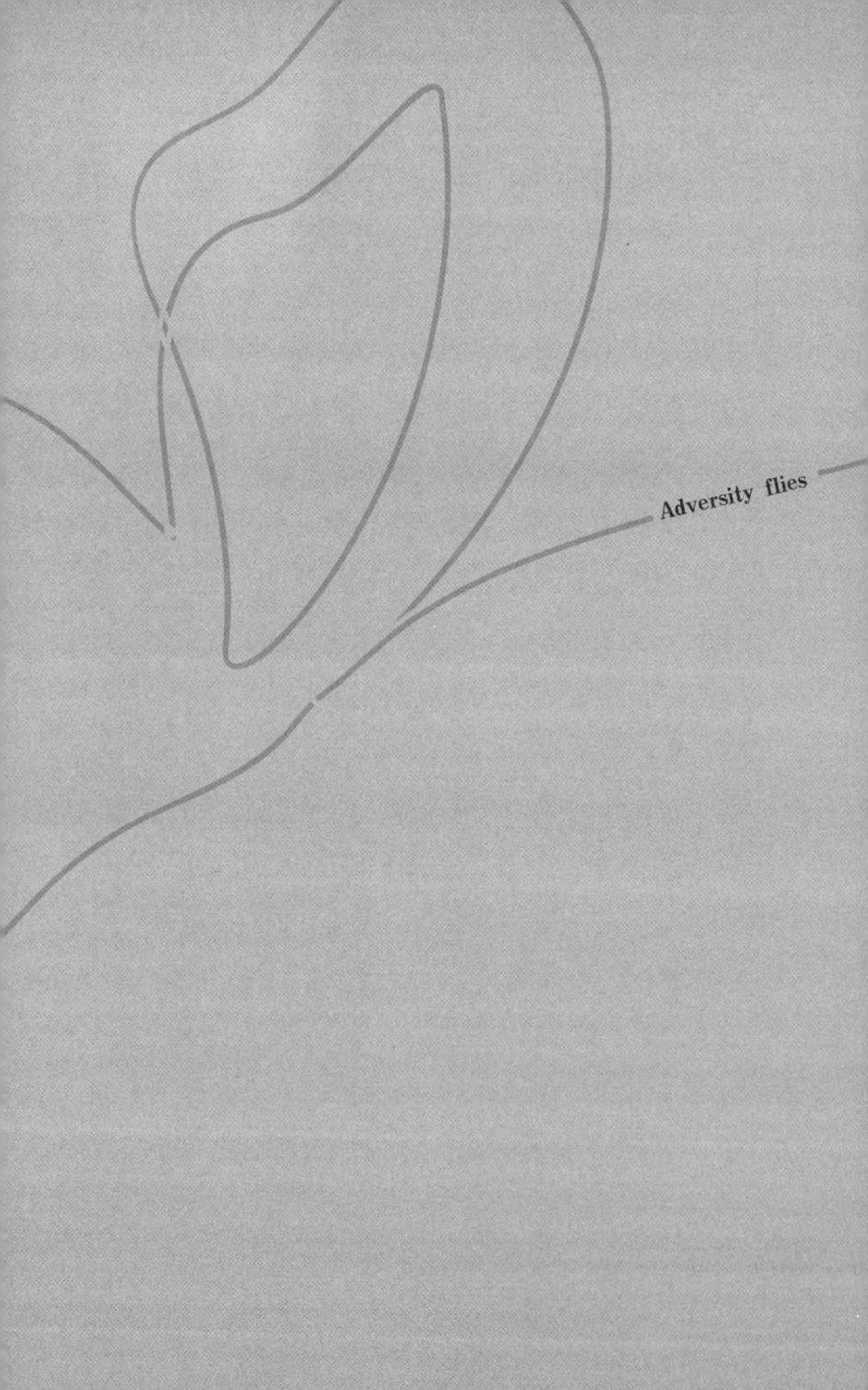
Adversity flies

第三章

拆覆「规则限制之墙」

一个电话决定了我的创业：
中国女社长的诞生

吸取了日本经验的中国商法

在早稻田大学研究生院学习期间，我最感兴趣的是商法。日本的商法最初是以德国的模式为范本，战后，逐渐引入美国的模式（2006年，商法改为公司法）。我进入研究生院的时候，恰逢中国的公司法逐步形成。期间，由中国专家及研究人员组成的团队曾来早稻田大学调研，他们吸取了很多日本和德国的经验。我确信，公司法是中国发展不可或缺的，同时也很清楚，一旦中国的公司法正式立法，那么我在早稻田大学学习的这一切，都可以在中国派上用场。

初学日本企业的经营之道

那时，我开始思考起接下来要走的路。如果继续在法律这条路上走下去，自己能做些什么呢？成为律师是我的一个梦想。但我并不满足于仅做一名普通的律师，我想了解日本的公司法，将之应用于中国公司法的建设和实践中，我有这方面的优势。

我分析了一下中日两国的大环境。20世纪90年代前中期，日本掀起了以制造型企业为首的进军中国的浪潮。我想，自己可以运用法律的专业知识，帮助这些进军中国市场的日本企业。实际上，在当时的日本，大家基本不太了解中国的商业习俗。

日本的研究生阶段只有3—4个科目需取得学分，而毕业论文是学习的主要目标。我的论文不仅包括商法，还包含日本企业经营的具体状况。于是，我利用寒暑假，以合同员工的身份进入某知名电机生产企业实习。

这家公司的总部位于大手町的丸之内，我的主要工作是操作办公室的大型电脑（当时小型电脑还没有普及）。我白天在公司工作，晚上在学校学习，身兼两职。期间，我熟练地掌握了操作电脑的技能，这项技能在我以后的人生中发挥了重要作用。

我实习的单位是正规的大公司，福利非常好，不仅提供饭食，工作氛围也很好，同事们工作结束之后经常去唱卡拉OK。渐渐地，我感觉平时大家做的都是雷同的事情。在这个较为安定的职场，很难看到企业的整体运行情况，也无法真正

第三章
拆覆"规则限制之墙"

了解公司的经营模式。

我觉得这样下去不是办法,于是跟一个朋友倾诉烦恼。他说,在大企业接触不到的经营模式,也许在中小企业更容易了解。他介绍了一家中小企业给我。因为这份机缘,在读研究生二年级时,我开始在他介绍的电梯保养公司工作,第一次接触到了日本的电梯行业。

为了工作和写论文,我整个人忙得团团转,所幸,上天非常眷顾我。期间,我获得了日本文部省(相当于中国的教育部)颁发的奖学金。之前,我都是自己想各种办法赚钱周转生活,这笔奖学金真是雪中送炭!我很开心,因为从此就可以专心学习了。

作为律师,在中国经手各种各样的案件

1996年3月,我完成了硕士课程,因为想考取中国的律师资格证,短暂地回了一趟国。同年12月,非常幸运地,我获得了中国的律师资格证。办理完各种登记注册手续之后,我进入了上海的一家律师事务所。

虽然当时中国的律师比较少,市场需求却在急速地增加。1992年,在当时领导人邓小平"南方讲话"精神的指引下,

中国继续推进改革开放的进程，正在发展具有本国特色的"社会主义市场经济"，律师行业在这生机勃勃的浪潮中发展。

律师事务所接手各种各样的案子。有商业纠纷，有上市公司业务范围内的合同拟定、政策咨询、相关法律建议等，还有与不动产相关的各种纠纷、离婚协议，等等。期间，我多次获得了上法庭辩护的机会。

给我留下深刻印象的是在刑法实习的时候，跟前辈一起去监狱采访服刑中的杀人犯。我心里非常害怕，不习惯在监狱里面谈事情。犯人是小地方的农村来的，不会讲普通话，说的话很多都听不懂。那场采访难度相当大。

我们律师团队通力合作，将案件当事人20年的刑期减少为10年。因为这件案子做得很出色，当时我们还获得了上海市政府颁发的奖状。但即便如此，我还是觉得涉及一个人的命运这样的事过于沉重，暗自庆幸自己选择了做公司法的律师。

放眼望去，中国的经济迅猛增长，街上的高楼大厦拔地而起，这时期不动产价格也在上涨。律师的工资待遇不错，继续待在上海工作挺好的，我身边已有同事住进了别墅，过上了富裕的日子。

但是，我必须对自己的人生做出选择。因为学籍还保留在早稻田大学，是趁这个机会继续学习参加博士生考试，还是留

在上海从事律师的工作呢？如果要参加考试，就必须辞掉工作回到东京——我又站在了人生的十字路口。

我想，自己有了律师资格证，随时都可以参加工作，但是参加博士生考试的机会不是随时都有的。其实影响这个决定的关键因素是奖学金。令我感到欣慰的是，只要博士考试合格，在校学习三年期间，我都可以获得奖学金。"好不容易有这么好的学习专业知识的机会，不应该工作继续赚钱。如果错过了眼下，可能再也没有第二次学习的机会了"，在这种想法的驱使下，我做出了考博士的决定。

我中断了不满一年的中国律师生涯，再次返回日本。

决定创业的一个电话

这件事情发生在离开上海之前。一次，我和在日本工作时的熟人梁先生相遇。当时，中国引进了很多日本生产的高品质电梯，台湾和香港地区都能提供日本所产电梯的维护服务，但大陆还提供不了。梁先生非常苦恼电梯的维修问题，感觉特别不方便，他就想自己来做电梯的保养，正在寻找可以迅速调配零部件和提供技术的企业。他知道我曾在日本电梯保养公司工作过，就拜托我帮忙找一下。

我答应他之后,回到日本开始调查这件事。我发现日本的电梯维护服务都是由电梯生产厂家提供的,没有其他企业参与。虽说有一两家独立性质的公司提供业务,但是都没有跟海外企业建立合作关系。我马上联系梁先生说:"梁先生,很遗憾,恐怕您自己从事这项业务会很困难。"

那段时间我太忙了,经常睡不好觉。当时手机的个头大,声音也大,因为不想在睡觉的时候被吵醒,所以我经常将手机设置为静音模式。好几次,我在晚上接了电话,都把在电话中跟别人谈好的事忘得一干二净。

有天夜里很晚了,电话铃突然响起来。我平时都是睡前设置好静音模式的,那天偶尔忘记了。这么晚会是谁呢?早早睡下的我被刺耳的来电声吵醒,心情非常不好。我接起电话一听,原来是梁先生。刚接通电话,他就说起了电梯业务的事情。

"小马,你是懂电梯行业的,我们要不要一起开一家公司?"

我正在迷迷糊糊的状态下,心情烦躁地回答他:"之前不是说了吗,这件事很难。日本没有这样的公司。"

他说:"以前没有这样的公司,我们以后开始做不就好了?你是觉得自己做不了吗?"

瞬间,我被他的热情所打动,想着如果能帮上他的忙也挺好的。身为律师，看到别人有困难我就想伸手帮忙。被他的一句"你是不是做不到"一激，我不服输的劲头就上来了。我不能对这事撒手不管。

我回复了他两句："好的，我知道了，是否一起开公司，我先跟有关部门的人咨询一下再说。"接着，我便挂了电话继续睡觉。

令我感到惊讶的是，迷迷糊糊之中接的电话，醒来后竟记得清清楚楚。次日，我就跑去法务局咨询："我想开一家维护电梯的公司，有没有什么限制不能开？"负责人爽快地回答："没有什么限制。"

啊！太好了！我也能开公司了！

见证日本行业规则的逐步缓和

此前，我并没有认真考虑过开公司的事，之所以决定开公司有以下几个原因。

首先，是想帮助梁先生。每次看到有人遇到难处，我总忍不住想帮忙。此外，身为女性，我知道找工作的艰难，我学生时代经历过就业的失败，这个过程非常残酷，到现在我都无法忘记。我想，要在日本的公司里获得一份工作是很困难的，不如自己开公司雇佣自己。如果自己有能力做到这些，创业也不见得是一件坏事。再有，根据调查，我认为电梯保养行业虽然现在处于规则限制的壁垒之下，但是以后形势会逐渐缓和的。

1996—1997年，通信行业的垄断在全球范围逐渐缓和了。在规则缓和的大号令之下，日本电信电话（NTT）这一行业巨头得以编制重组，发展为控股公司，下辖一家海外子公司和两家国内子公司。我目睹了时代变迁之下行业发生的巨变，认为电梯行业早晚也会像通信行业一样，结束以厂家为主的时代。但我没有想到，自己会成为这个行业缓和变化的一个引子。那会儿，市场瞬息变化，我觉得能开一家公司是不错的，起码能在这个行业展开竞争之前，储备相关的知识和经验，这样就可以占据行业竞争的优势地位。

规则一定会放缓，行业也一定可以实现自由化——这便是我当初做出的预见。

东京电梯诞生

恰逢此时，一位年纪大我两轮的电梯公司的同事，提出想一起做点事情。我自己没有多少信心经营企业，想着有一位年长的男性一起做的话会更加放心，于是就和这个同事一起出资，

第三章 拆覆"规则限制之墙"

建立了一家直接做电梯保养业务的公司,开始了创业。

公司取名为"东京电梯"。这个名字是在我去上海办理业务,走在大街上时,突然从脑子里浮现出来的。公司名称最重要的是简洁易懂,在日本的代表城市"东京"后面加上"电梯"两个字,这个名称让我一想起来就特别中意。当时我还担心会不会有人已经注册了这个名字,之后赶紧查了一下,发现还没有人用,于是我就以它作为公司的名称。

东京电梯股份公司成立于 1997 年 6 月 17 日,由一起出资的年长男士担任社长,我作为副社长。我是一名外国女性,日语水平又有限,由年长的男性来当社长,顺理成章。

因为手机忘记设定静音,在半夜接到了一通电话,经过简单交谈之后就决定创业开办公司,这是我连想都没想过的事。

公司开业后没多久就陷入了窘境。由于整个行业还处于垄断之中,在订购货物时,电梯厂商销售人员经常冷淡地回绝我们:"我们不卖产品部件。"

寡头垄断之下，公司半年内没有一个客户

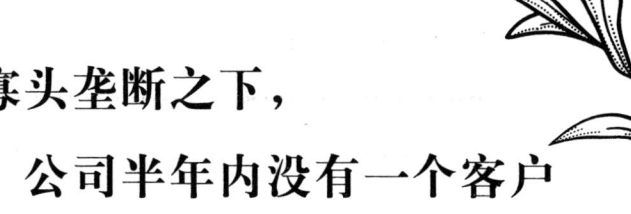

当时，通信行业已掀起了行业限制放缓的风潮，但电梯保养行业是三菱电机、日立制作所、东芝电梯等名牌企业的主要战场，具有典型的寡头独占特征。1993年，电梯保养行业的一场判决非常引人注目。电梯厂商A公司旗下的电梯保养X公司，贩卖A公司的电梯部件，负责保养A公司生产的电梯。当时，B公司的大楼装有A公司生产的电梯（电梯保养合同由独立的保养公司履行）。因为电梯有故障，B公司跟X公司下单订购部件。X公司的回复是部件的修理和更换需要一起下单，不支持单独部件的订购，而且，订购部件需要提前三个月进行。最终，法院判决X公司的行为违反了独占禁止法，进行的是不正当交易。原告B公司胜诉，让电梯厂商公司旗下的保养公司承担损害赔偿，这样的判决还是挺罕见的。

第三章
拆覆"规则限制之墙"

"你的公司是厂家的吗？"

东京电梯主营的是保养电梯业务，但是跟其他电梯厂家旗下做保养业务的子公司不同，它是一家独立的企业，与其他厂家旗下的保养公司相比，费用可以低3—4成左右。公司按照客户（大楼的所有者）的需求，确立电梯部件的进货渠道。无论是什么样的电梯，都可以提供维修服务，这是公司的一大卖点。

1997年刚创业那会儿，虽然从法律层面上来讲，能在市场上订购电梯厂商的电梯部件，但实际上流通并不顺畅。大楼所有者可以选择不用电梯厂商旗下的保养公司，不过他们形成了一种固有的观念，认为其他的公司没有办法做好固定品牌电梯的维修保养，这就导致电梯厂商旗下保养公司的存在感非常强。

以前，不管是社长还是我去跑客户，总会被问到这样的问题："你们是电梯厂商吗？还是电梯厂商旗下的保养子公司？""不是厂商，而是做保养检测啊。那就是独立性公司了？如果不是电梯厂商旗下的公司，万一有什么事，很难从电梯厂商那里进到需维修的部件吧？"有时还会遇到客户下结论说："这样的话我们还是挺担心的。"不管怎么解释我们可以顺利调配各种部件，对方还是不相信。这就是挡在我面前的一堵"行业壁垒"——高高的，厚厚的，坚不可摧，令人束手无策。

电梯厂商旗下的保养公司长年独占市场，理所当然不想改变迄今为止的商业模式。客户也已经习惯了这种思维模式，坚信只能使用电梯厂商旗下的保养公司。开门见山地说，这确实是一个以厂商为主导的利润超级丰厚的市场。

无论再怎么努力去跑客户，大部分人还是不相信新的模式，后来，我们都不敢奢望能拿到合约了；在跟电梯厂商订购电梯部件时，他们几乎异口同声地回复——"不卖"。虽然公正交易委员会以违反垄断禁止法为由，对电梯厂家进行过突击检查，但是这种状况没有得到丝毫改善。电梯保养行业依然是一个封闭的、没有任何竞争的市场。

作为律师，我熟悉垄断禁止法和公司法，对自己公司的业务还是有自信的。我们的生意堂堂正正的，没有什么不当之处。在日本资本主义自由竞争的市场之下，还存在囤积部件不卖这样的行为，真让人难以理解。我想，电梯行业缺乏竞争，也许是日本一直以来推行的垄断文化所导致的吧。

这堵挡在我面前的"文化壁垒"，跟行业壁垒一样，铜墙铁壁般无法攻破。

第三章 拆覆"规则限制之墙"

眼看着创业资金一点点减少

虽然这段时期没有什么生意,但是作为保养公司,技术上不能落后于人,不管怎么说优秀的技术人员还是必须配备的。我们以每月50万日元的薪资雇佣了一位有经验的技术人员,作为公司的1号员工,他的工资很高。虽然社长非常努力地跑市场,但还是没有拿到任何合作订单。公司一步步被逼到了进退维谷的境地。不久,我们又注入500万日元的资本金,但是钱就像流水一样哗哗地减少,这样下去,公司恐怕很难维持住了。

希望越来越渺茫,我开始认真地思考起来:"是不是应该放弃电梯生意,利用我从小锻炼的做菜手艺开一家水饺店?"

正因为实行的是迄今为止不存在的生意模式,我能理解客户的排斥心理,但是大半年都没有一个客户,这种局面也太可怕了!从位于中央区日本桥的公司窗户望去,可以很清楚地看到水天宫,那里排列着的一栋栋的大楼、大楼、大楼……

"大东京有这么多的大楼,为什么公司却拿不到其中任何一项电梯保养业务……"为此,我没少咬唇苦思。

诚惶诚恐地参加交流会

某个星期五的晚上,我抱着死马当活马医的想法,给上大学时的一个熟人打电话。有一段时间,我对交流会特别感兴趣,曾参加过几次交流会。我想:"交流会不是一个很好的宣传公司的机会吗?"我问这个熟人:"你如果知道近期有什么交流会的话,就告诉我一下,好吗?"他说:"明天恰好就有一个面向经营者的交流会。"我一听十分高兴——心想事成了!第二天是周六,我果断决定去参加交流会,具体地址现在忘记了,好像是在秋叶原的万世桥附近。

交流会其实就是不同经营者互换信息的一种场合。在此之前,都是社长负责做销售,我负责辅助工作并处理公司各项杂务。但是到了这种紧急关头,我不能因为自己是女人、是外国人、日语不流畅就无所作为。如果现在我还不行动的话,公司可能真就要倒闭了。我不能坐以待毙!

我到了交流会现场一看,参加者大概有两三百人,基本上都是男性,也有几位年纪比较大的女性。在众多男性参加者当中,我穿着白色商务套装,非常地显眼。

单是作为女性经营者这一点就够引人注目了,我一开口说话,竟然还是外国人,瞬间,我被几十个人围起来。他们轮流问我:"你是做什么工作的?"大家对我非常感兴趣,为了跟我交换名片竟然排起了长队,我就像名片交换机器人一样,一个一个地跟对方交换名片,根本无法跟某个人进行具体交流。我努力介绍自己的公司,忙得浑身是汗。公司名称听起来像是老字号般简单易懂,这一点还是挺让人开心的。

参加交流会的效果立竿见影。有很多企业经营者都非常头疼电梯的保养事务,到周一,电话络绎不绝地打过来了:"麻烦发一下报价单""我们一直在找便宜一些的电梯保养公司"……

第一次一下拿到10台左右的订单,我发自内心地感激这些客户,同时感叹:"原来自己也可以干销售!"瞬间,我有了自信,觉得做了一件了不起的事情。我一直认为自己的日语不好,内心羞愧,没想到鼓起勇气行动起来,发现自己竟然也不是想象中那么差啊。自以为是的自尊,也许别人根本就不在意呢!我并不胆怯,性格外向,喜欢说笑,说不定适合做销售工作——我对自己的认知有了180度的转变。

参加企业经营者交流会的确是很明智的选择。企业经营者会把"触角"伸得长长的,不停地收集新的信息,只要出席这种场合,他们就一定要有所收获。我后来分析,大概因为他们很多本身就拥有公司和大楼,又是决断者,可以自己直接做决定吧。这也是我能很高效地推进销售的重要原因。

实际上，他们确在为如何降低电梯保养成本而苦恼。很多人看到我的报价都特别地惊讶："没搞错吧？一个月真的只要几万日元吗？"

电梯的保养费用每个月都要交，电梯厂家的费用每年也会上涨（保养公司提出涨价，客户是无法拒绝的）。但是，使用不同的公司花费也不同，累积下来差价还是蛮大的。几十年里，电梯保养的成本得有几百万日元的差价，这些钱都够换一台新的电梯了！

随着业务咨询量的增多，我感到自己正在切实地帮助别人，而这一切，反过来又都转化成了动力，激励我更加努力，帮助更多的人摆脱困境。渐渐地，我变得更自信了，不知不觉间，开始积极地参加这种集会，每一次参会都有新的合作机会产生。

即便如此，人们先入为主的观念还是很难改变，想要成功地取得合作并非那么容易。对于大楼的所有者来说，把熟知且合作至今的三菱、日立等大品牌厂商，更换成连名字都没听说过的小公司，他们得多担心啊！出于信任，他们将一台台的电梯交给我保养。因此，每次签约成功，我对客户都心怀感激，高兴得想跳起来！

和技术人员之间的墙，
　　和日本人之间的墙

夹在技术人员和客户之间

虽然签约的合同增多了，但意想不到的事也开始一件件地发生。

我们是独立性质的电梯保养公司，只要大楼所有者需要修理电梯，我们就必须提供各种不同品牌和机型的电梯零件。公司刚成立的时候，调配零部件非常困难。跟厂商联系订购部件，经常得到的回复就是"不卖"，即使能调配，也需 90 天左右的时间，但电梯故障的维修时间根本不可能那么长。

公司员工给厂商负责人打电话，遇到解决不了的事情时，我负责直接跟对方交涉。只有说"如果贵公司不卖部件的话，我们就会向公正交易委员会报告这一切"时，他们才会勉勉强强地把部件卖给我们。但是，如果遇到怎么都不卖货的负责人，事情会很棘手。由于每次订货都会遭遇厂家囤货，因此只能通过谈判解决，这个过程非常曲折。

另外，作业现场也暴露出不小的问题。公司聘用了几位厂家旗下保养公司出身的技术人员，他们都是老手，但是每次一出现场，总会把电梯弄坏。虽然技术人员的经验非常丰富，但因为原来只接触过自己公司的产品，其他公司生产的电梯就很难维修好了。

电梯属于电气机械，设置了固定的控制程序。在维修时，技术人员如果不知道其他公司生产的电梯的程序设置，一味地随意按按钮，就会导致电梯瘫痪。若他们还不愿花时间去钻研的话，电梯就没法恢复初始的状态。

原本以为"可以对接所有厂家的各种电梯机型"是我们的一大卖点，可是，最终往往将客户委托的电梯搞得不能运转。在现实面前，我十分无奈。

"你们究竟是干嘛的？到底是不是保养公司？一直以来电梯都可以正常运转的，保养专家却搞坏了，怎么回事？！"我们常常这样被委托人臭骂一顿。虽然尽力想复原电梯，却怎么都做不到，最终只能叫电梯厂商旗下的保养公司来帮忙——这听起来跟笑话一样吧！

叫技术人员到现场，会产生20—30万日元左右的上门修理费用。每天，我都要时不时地打电话请其他公司技术人员来

第三章 拆覆"规则限制之墙"

救场,进行各种交涉,解决不同的麻烦。周末在家附近散步,电话也会经常响起来,内容不外是把电梯弄坏了、没办法复原等。每次接电话,我心里都一咯噔——"啊,又来了",一边祈求着"拜托,至少今天别再弄坏了",一边不停地跟客户道歉。

我被迫夹在了客户和技术人员之间,左右为难。

被顽固的技术人员瞧不起

在日本电梯保养行业中,不仅横亘着"行业壁垒",客户固有思维模式的"文化壁垒",还有另一道壁垒阻挡在我面前,那就是"员工壁垒"。它是与"文化壁垒"联系在一起的,我在与员工的日常接触中,切实地体会到了这道壁垒的存在。

记得对我最有抵触情绪的是公司最初聘请的那个有经验的技术人员。他出身于厂商旗下保养公司,技术比较好。经历了半年的零客户期,公司终于慢慢地有了客户,也引进了一些新人。我是副社长,在支持社长工作的同时,还得做经营决断。这个1号员工,不仅经常对我说的提反对意见,而且老是摆出一副"不懂电气知识的人,知道什么"的态度给我看。

更过分的是,他经常说"你一个女人懂什么",以我是年轻女性这一点来攻击我。我拼命学习各种电梯的构成、机械技术、保养技术等，告诉他"我正在好好学习技术知识"，但他的态度还是很顽固。我想，大概是由于在电梯保养行业中男性压倒性居多吧。

1号员工对我的蔑视很快传染给了其他员工，后来，连社长也在大家面前对我喊"你照我说的做就是了"，这种强压的态度更助长了大家对我的轻视。

此外，他们还在其他方面排斥我。我都不知道被技术人员说了多少次"副社长你是中国人，不会明白的"，我想要反驳，又怕弄不好他们会辞职，只好哑口无言强忍着。

当时公司的技术人员严重不足，所以，即使知道一部分技术人员的工作方式不好，就算他们当着管理层的面说坏话，也不能轻易地辞掉他们。开会时我提出的解决方案，他们压根听不进去，有时候我真的担心他们会直接动手打我。

公司内部缺乏最重要的纽带——信任感。

一次开会时，关于电梯保养现场作业结束之后要不要打扫卫生的问题，我们之间产生了分歧。我主张必须打扫卫生："我们不仅仅是维修故障、检测机器，同时也需要提供服务。打扫卫生是基础的工作，是包含在客户的费用里的。"但是，技术人员反对这种做法："副社长你不要站着说话不腰疼。我们提供的是技术，不是打扫卫生。这里是日本。日本的规矩，你懂

第三章
拆覆"规则限制之墙"

吗?"——又来这一套!——我只能耐着性子,继续跟他们探讨:"我是这样想的……",但是,他们始终不接受我的建议。

我陷入了内忧外患的窘境:被完全不听指挥的员工抵制,遭遇厂家囤积部件惜售,同时还要被客户责骂。我感觉自己好像变成了练拳用的沙袋,特别矛盾。我很想逃脱掉这一切,很多次,都在睡前边哭边想:"要不回到中国做专职律师吧。"

女性员工思维方式的违和感

我不仅仅遭遇技术人员的抵触,而且很难理解日本女性员工的思维方式。作为经营者,我非常注重员工的思维方式,特别是录用员工时。比起工作经历和技术,毫不夸张地说,我可能只看中员工的思维方式。

有一阵子,公司决定不再招聘女性员工,因为她们动不动就辞职,或者不愿意承担责任。我觉得有的女性员工的工作能力还不错,就给予她们更高的职位,但是她们却在关键时刻辞职。虽然她们都是非常优秀的人,但无论怎么劝说,就是不肯改变原有的想法。

日本的劳动人口逐年减少,女性从来没有像现在这样被社会所期待。在我看来,有些女性员工的想法实在太浅薄了,声称要照顾父母，想找一个离家近一点的单位等等，其实这些是对自己的纵容。可能是我的要求过于严格了吧。我见识了太多以家庭或是其他借口为由逃避工作的女性，看来男尊女卑的时代只是表面上结束了而已。

即使是现在，日本女性社会地位低下这一现象似乎也没有得到什么改变，除去制度方面的不完备之外，女性将自己置身于较低的立场也是一个重要原因吧。

"因为是女人"——这种思维方式导致的行为和结果，经常令我感到惊讶，有一件事情可以佐证。一天，天气非常炎热，我在外面东奔西跑联系客户，回到公司，负责事务的女社员对我说了一句"辛苦了"之后，开始准备茶水。我对她的细心表示感谢，但是后来，她只给社长端了茶，却并没有我的份。我半开玩笑地问："为什么没有我的茶呢？"没想到她竟然说："副社长是女人，自己去倒不就好了。"唉！她的工作虽然不是端茶倒水，但是说出这样的话，也太欠考虑了。

类似的事情还有不少。比如，社长曾让一个女性员工做资料，这个女社员开心地满口答应"好的，我会努力的"，当时我也在现场，听到了他们的谈话。但是过了一周，资料的事情没有任何动静。因为我也跟那件工作有关联，实在等不下去了，就问那个女员工"资料做好了吗"，没想到她竟然若无其事地

说"没有做，我不可能当着社长的面说不会做吧"。我仔细琢磨她说的话，才明白原来她在男性面前只是装乖，仅仅是为了让自己看起来是个靠谱的人。我无法跟有这样思维方式的人一起共事，经历了几次类似的事情之后，有一段时间干脆停止招聘女性员工。

但过了几年，我还是重新开始招收女性员工。实际上，优秀的女性有很多，我不能忽视经验丰富、有工作能力的女性；另外，公司男女员工的比例也需要一定的平衡，女性员工不可或缺。我想，这也许是因为我的思维方式改变了吧。

作为外国人，不受人信任

除了身为女性，我还是外国人，这是无法改变的事实。不管我怎么努力地扎根日本，很多人知道我是中国人时，会立马戴上有色眼镜看人，这真的让我很受伤。

记得去参加跨界交流会时，会议成立了以社长为中心的小组。作为一位外国人，我还是备受会议瞩目的，但有一名交流会的干事好像对这些都看不顺眼，不想让我参与小组，对我的态度非常冷淡。

还有一次，公司的销售垂头丧气地从外面回来。我问他为什么这么失落，他说被客户拒绝了，那个客户直接对他说"你们公司的经营者是中国人吧,这样的话,我是不会跟你们签约合作的",最后还补充了一句"没办法信任你们"。听到这里,我不觉感到悲伤和失落。

我经常被别人这样问:"中国人?懂技术吗?""公司会破产的吧?""你们公司有日本人吗?难道全是中国人?"在我这个律师看来,自己当时就跟受到法庭盘问一样。

我在"盘问"的风暴中穿梭着,只有抱着"今天这里做得不错,那里有点失败"的想法,去检验和反思自己。无疑,顺利开展工作很费劲,有时候我在夜里想起白天发生的事情,还觉得很委屈,情不自禁会哭起来。有一段时期,我一直在犹豫是继续留在日本,还是干脆到美国重新来过,甚至详细调查了去美国的留学事项。

但是,渐渐地,我竟然习惯了这样的生活——人真是很奇怪的生物!我想,可能部分缘于我不服输的性格,另外,考虑到公司是自己一手创办的。既然我选择了这份工作,就只能接受考验了。我慢慢发现,一个劲儿地努力去做销售时,遇到的并不只有客户的盘问,也有时会收获对公司服务的认可。由此,建立合作的客户数量在逐渐地增加。对我们来说,这正是最大的动力。

每当遇到以"你是外国人"为由不愿合作的客户,我就想着"今天遇到了不能惺惺相惜的人",之后自然而然地就把他

第三章 拆覆"规则限制之墙"

们忘掉了。我有这么多的客户，根本没有必要纠结"谁是日本人，谁是中国人"。公司的理念是"提供真正可以帮到别人的服务"，能做到这样，我已经心存感激了。

那些最初态度不好的人，经过后来的接触了解，都开始信任我。我从中国一路来到日本，经过早稻田大学四年本科、二年研究生、三年博士的学习，最终取得了律师资格；在残酷的竞争中，作为一位女性白手起家，为经营企业努力地奋斗着。很多人听了我的故事，都满含敬意，所以特别地关照和帮助我。

正是这样的信赖，支撑了快要坚持不下去的自己。同样，对我而言，可以为别人提供帮助，这种喜悦之情是其他什么都代替不了的。

必须用行动表示

我不会把公司变成人种和性别歧视存在的地方。为了做到这一点，就必须从自我做起，积极融入周围的环境。为此，我付出了很多的努力。

首先，为了克服技术难题，甩掉行业门外汉的形象，我深入地学习了很多书籍和资料，取得了多种技术从业者所必需的资格证书。我亲自跑到施工现场，仔细观察技术人员在做什么，从而熟知现场以及所用技术。作为副社长，必须用实力管理这群3k行业（辛苦、脏、危险）的男性，这对我来说是不小的挑战。

其次，去跑业务的时候，因为不想自己是个女人而遭受歧视，我会特意穿上黑色或是灰色的西装，让自己看起来像男人一样。为了缓和"女人不懂技术"的偏见，为了从包里取资料的时候可以看得清清楚楚，我开始背起男人们用的那种重重的大包。就这样，我培养了沉着冷静的气质，从客户那里获得了更多的信任感。

此外，我还留心自己的措辞语调，努力说出日本人那种自然的标准日语。我注意到日语的句尾大多是下降的音调，比如，对方说"原来是这样啊"这句话，句尾是降调的，但我开始说日语时用的是升调，当地人听起来可能比较别扭。我反复练习说低音，这样让人听起来就感觉更自然了。

虽然跑业务常常跑得汗流浃背，总算功夫不负有心人。有些客户对我说"因为是小马你，所以我愿意签这份合同"，信赖我的大楼所有者开始多起来，他们更进一步拓宽了我的人际关系，经常说"下次我介绍客户给你"。我还跑到千叶县、神奈川县等东京边上的地方去见客户，他们开着车带我到附近观光，还赠送了我一些当地的土特产。

我不禁感慨，世间还有这么多亲切、温暖的好人！同时，也再次意识到，公司所提供的质优价廉的电梯保养服务，确实是很多人所急需的。

在盛夏维修故障机，感谢客户的犒劳

拼命修理电梯异响

某个盛夏的一天，我接到一个客户的电话："电梯坏了，你们能马上派人过来一下吗？"这是一幢10层左右的大楼，所有者是一对老夫妇，不知道什么原因电梯出现了异响。

准备安排外勤时，我环视了公司一圈，除了一位技术人员，其他人全外出了。这位技术人员刚从电机专业毕业，年纪轻技术也不熟练，还没有一个人独立地出过现场。我决定带他一起去现场。

大楼的所有者——老夫妻俩说："天儿热吧，我先给你们泡好茶放着。"电梯出故障一定要争分夺秒地抢修，我们简单打了招呼后就开始仔细地检查故障机。

电梯是上下活动的，贯穿大楼的通道叫做升降路。升降路里又窄又暗，还没有空调，感觉里面的温度得有50度左右。

我们从升降路出来，爬到电梯轿体的顶部，轿体上面只勉强站得下两个人。我们用一个小小的手电筒照着，手动操作电梯，让轿体小幅度地上下动着，并且一直重复这样危险的动作，以便做各种检查。

我跟这个年轻的技术人员仔细地检查异响到底来自于哪里，把觉得可能会产生问题的地方都上了油，看是否还会发出声音。但检查了个遍，声音还是没有消失。升降路内又闷又热，两个人的体力消耗得很快，更要命的是，温度太高，汗止不住地往下流。我穿的是普通的西服套装，衣服湿得全部贴在身上，整个人看起来就跟直接穿着衣服洗澡一样。技术人员穿的是工作服，情况更糟糕。

我们继续查找发出异响的原因，大概过了一个小时左右，技术人员终于坚持不住了："副社长，我们放弃吧！"他几乎是带着哭腔说，"太热了，我已经受不了了。实在是查不出原因。没有办法了！"这么热的天气，不管怎么搞就是不起作用，人难免暴躁起来。他的这种痛苦我深有体会，又累又热又渴，我基本上也要哭出来了，真想马上就停下来喝一杯冰茶。

但是异响不消除，电梯就不能正常使用，住在这栋楼里的人会非常不方便。此外，怎么也得把事情办完之后再喝别人的茶吧。"再稍微坚持一下，我们不能就这样扔下不管。"我耐

第三章 拆覆"规则限制之墙"

心地说服他。

这对老夫妇是我开发的客户,签合同的时候我拍着胸脯跟他们说:"有问题请放心地交给我们!"既然说过这样的话,就不能随随便便地以一句"我们修不好"为由撒手不管。那样做等于辜负了他们的信任,我不会允许自己那么无能。我们累得大汗淋漓,不知道跟电梯的异响战斗了多久,也不知道在多少地方上了油。突然,就在一瞬间,可能是从别的地方滴过来的一滴油恰好落到某处——异响消失了!像开玩笑一样,异响竟然停止了!——这时,我整个人都快虚脱了。

一杯珍贵的茶

我们俩从电梯上下来,告诉老夫妻异响消失了,他俩笑眯眯地,非常开心:"你们辛苦了!非常感谢,很热吧!来,喝杯水!"边说边把茶水递给我们。

啊啊,这杯茶怎么这么清凉解渴,怎么这么好喝?! 一股凉意深深地沁透到了疲惫的身体里。我从来没有喝过比这更好喝的茶,感激得眼泪都要掉下来了!

这不仅仅是一杯茶,它还传递着客户对我们的信任和肯定:"这么热的天,你们做得很棒。你们做的事情是正确的!下次也一定要按照这个劲头加油干！"这是对我们严肃认真的态度的褒奖，我从这一杯茶里汲取了很多的勇气。

我不停地说这杯茶太好喝了，老夫妇开心地笑道："委托给你们太好了！"

我跟技术人员聊着天坐电车返回公司，途中，年轻的他激动地说："副社长，好厉害！"他笑得像花儿一样，"那杯茶真的太好喝了，用钱是买不到的！"然后，他又接着说："这个工作太赞了！"

帮助人们从困境中走出来，能使人感觉很充实；和人们一起克服困难，能让人获得成就感。人生因此而充盈起来。人们因相互信赖而努力扶持，达成所愿后共同心怀感恩——一杯茶，教会了我很多东西。

这对老夫妇的大楼的电梯从此再也没有出现过故障，一直正常地运转着。

员工看我的眼神也开始发生了小小的变化，虽然只有一点点，但我能感受到他们在逐渐地接受我。

然而，我还必须跨越文化上的障碍。我想改变"保养维修电梯一定要跟电梯厂商签约"这种固有的观念，就必须让更多的人知道还有其他的选择。基于此，我思考了很多。

飞到桌面上的传真

苦恼于如何改变固有的观念

一直以来,最让我烦恼的就是客户那种强烈的固有观念。他们始终认为,保养维修电梯就要跟电梯的厂商签约。他们这样想情有可原,因为厂商曾公然对这些大楼所有者说:"如果你们跟非厂商旗下的独立保养公司合作,电梯出现故障,我们是不会提供部件给他们的。"尽管垄断禁止法明令规定,不可以妨碍第三方公司进入市场,电梯厂商依然我行我素,横行无忌。

作为公司的经营者和精通商法的律师,我觉得保养维修行业的商业习惯毫无道理可言,也许这就是文化,是根植于人们大脑中的传统造成的吧。

大部分大楼所有者都被骗了,或者说,他们压根就不知道还有其他的选择。他们受困于"不提供部件"这句话,对电梯厂商旗下保养公司言听计从，痛苦地承受着不断上涨的高额保养管理费用。要说我一直在跟这种固有的观念战斗（实际上现在也依然是），也毫不为过。只要听说有跨行业交流会或者是经营者集会，我就会参加，跑去介绍自己的公司和提供的服务。很多客户都是在这种场合下认识并发展而来的。但是，不管我多么地努力，能见到面说上话的人毕竟有限。这个屏障应该怎样破除呢？

如同通信行业的独占状态逐渐被瓦解了一样，电梯保养行业早晚也要顺应这种趋势，人们应更积极地采用符合时代的商业模式，因为这更符合使用者的利益。受这种思维的启发，我的灵感突然爆发："啊，我明白了！想要解决问题，我应该尽力创造一种新的文化！"我决定脱离落后的传统，用新的具有竞争和选择性的商业模式，去创造新的文化，以使更多的人受益。

为了达到这个目的，就要破除根植于人们脑海中的固有观念，要尽可能让更多的人知道还有其他的选择。我苦思冥想，难道就没有一下子让很多人知晓的方法吗？后来，我还真想到了一个办法，就是借助媒体的力量，向大众进行宣传。

在我努力经营企业的90年代后半期，网络已经开始走向公众，但被认为最有效的宣传方式还是电视。那时我没有做电

第三章
拆覆"规则限制之墙"

视广告的资金,只能转战报纸。我锁定了拥有商业读者最多的《日本经济新闻》,日思夜想如何宣传公司的业务。

虽然我是企业经营者,也是早稻田大学的法学博士,但对于如何通过媒体宣传公司业务,一直都毫无头绪。我一个经营小企业的外国留学生,既没有传媒的门路和关系,也无从得知媒体的情况。如何做广告宣传,我考虑了差不多一年的时间,一直停滞在"怎么做"这个点上,毫无结果。当时跟现在不同,没有谷歌等检索,不是什么事情在网上一查就能知晓的。

决定登载报纸的一纸传真

当你有想达成某事的强烈愿望,通常来说,它会存储于大脑之中,当一些"导火索"出现在眼前时,就会有奇迹发生。

一天,我在外面跑客户,满头大汗地回到公司,坐在自己的座位上正喘着气,突然注意到桌面上有一张传真纸。由于办公桌就在打印机的正对面,我会经常伸手去清理托盘里堆积的传真纸。那天,其中一张传真纸,被其他后续的纸张挤到了外面,"跑"到了我的桌子上。当时,企业的信息或服务几乎每天都会通过传真,洪水一般地推送来。我只把有用的传真挑出来,其他的不细看直接丢了。这张纸出现在我的眼前,我不自觉地拿到手里看了一眼，是一个"新闻公告文章写法讲座"的通知。

尽管我当时对宣传和新闻并不太了解，却突然间有了灵感，决定试一下。讲座费用不算便宜，但我马上填好信息回了传真。那一刻，我意识到，可能自己寻求的解决办法就在眼前。我当时正在酝酿商业推广的想法。公司不仅要对电梯进行保养，还要涉足电梯的翻新改装，这些业务都需在媒体上进行宣传。我想让更多人知晓，电梯维修保养不一定必须由厂家做，顾客也可以选择独立的电梯公司。按照传真要求我报了名，开始了为期3个月、每周1—2次的讲座的学习。

开始上课后，我发现这家公司对于选择推送内容的媒体非常地慎重。我的目标非常明确，即把具体的新闻内容发给特定的报社（例如《日本经济新闻》）。我把这个想法告诉了公司的社长，但是他对此持消极的态度。这家公司常年给多家媒体推送信息，其中并不包括《日本经济新闻》，希望比较渺茫。他们说："这事没那么简单，要实现起来比做梦还难。"我说，不尝试怎么知道，并且强调，所提供的新闻内容具有鲜明的时代感和新颖性。我们不是在做广告，而是向社会发送一个最新的消息。

以通信行业为首，很多行业掀起了规则缓和的浪潮，我确信在保留着浓厚独占色彩的电梯行业，也一定会出现这样的趋势。我对社长说:"东京电梯正在改变不符合经济原理的行业现状,我们提供的服务帮助了很多人,确信还有更多的人在等着我们。我已经收获了客户非常高的满意度,相信公司的服务将满足更多潜在的社会性需求。"

我用热情说服了这家公司的社长。不久,他改变了态度:"既然你都这么说了,我会尽全力支持和帮助你,让我们来一起来创造历史!"

报道反响强烈,我帮助很多人达成所愿

同时从事律师和企业经营者两个职业,还坚持上讲座听课,对我来说是挺难做到的。好几次,我都因为太忙想放弃学习,但心里坚信"还有人在等着我们公司的服务",咬咬牙依然坚持了下来。最初班级里有 20 名学生,后来有人因为要拔牙就不来了,接着又有人请假。到底是太忙了,还是想放弃呢?人们总会有各种各样的理由吧。

学习了一段时间之后,通过这家公司的推荐,我们发出了新闻公告。《日本经济新闻》的记者对此非常感兴趣,前来公司采访。1999 年 8 月 2 日,《日本经济新闻》刊登了对我们的报道,标题是"东京电梯,翻新老化电梯,低于行业 3—4

成的价格施工"。以下是文章的开头部分：

"做电梯保养的东京电梯，以低价格为武器进军电梯翻新领域。为需要翻新老化电梯的客户提供服务，价格比同行业其他公司低3—4成。电梯施工是三菱电机、日立制作所等这些大型公司的寡占市场。中小企业涉足该行业非常罕见，以电梯保养为立足点开拓客户，东京电梯年度的营业目标是6亿日元。"

从刊登报道那天开始，办公室的电话就被打爆了。咨询、寻求报价等相关需求从日本各地铺天盖地而来。新闻报道主要是关于电梯翻新业务的，但是写明了可以提供低价的保养检测服务，因此关西地区也有很多客户来咨询，都是对现有的服务表示不满的。

报道之前，都是以一次几台电梯的规模签约，报道之后，一下突破到一次签约10台电梯以上。因为新增了电梯翻新业务，营业额比报道之前增长了5倍左右。最让我高兴的是，每次去见客户，都听到他们说"一直在等你们这样的服务"的话。

一直以来，我都苦于如何创造出富有竞争力的新的商业文化，以便为用户提供更多的服务，那份传真成了一线曙光。开办新闻讲座的公司社长也感到不可思议，因为职业生涯中第一次有了推荐公司被刊登到《日本经济新闻》的经历。这让我再一次意识到，只要不放弃努力，就一定能接近、实现梦想。

这篇新闻报道，还带来一个更戏剧性的故事。距刊登新闻5年之后，一位男士联系了我们，他说："当时读这篇报道特别感动，但我的职位没有做这样决定的权利，现在，我从调派地回到公司，做了设备管理的负责人。虽然时间已经过去了5年，无论如何还是想引入贵公司的服务。"说完，他拿出了5年前裁剪的报纸给我看。这则报道将我们的服务传达给了真正需要它的人，那种喜悦和感激之情无以言表。我在内心无比感恩这一切，笃定努力一定会有回报！

悲痛的雨，
感恩的雨

接受理解者的援助，被人称为"尊敬的小马"

在这里，请允许我分享一下中川内先生的故事。从我创业初始，他就对我关照有加，是我的恩人之一。

中川内先生经营着有关大楼的管理公司，我们是在万世桥的交流会上认识的。他看到我拼命地发名片，所以对我印象比较深刻。有一天，他给我介绍了一位拥有10栋大楼所有权的大客户。此前，那个客户都是跟电梯厂商的保养公司签订合约，因为我们公司提供的价格比较低，决定跟我们公司开展合作。通过洽谈，我们签订了合约，我非常地开心，松了一口气。谁知次日，我就接到了解除合约的电话，之前的喜悦之情瞬间烟消云散。

事情大致是这样的。当这位客户决定与合作的厂商旗下的保养公司解除合约时，保养公司的负责人、领导等一行8人气

第三章 拆覆"规则限制之墙"

势汹汹冲到客户处,说:"你如果跟东京电梯签订合约,我们是不会卖配件给他们的""哪怕是出现了故障,他们也买不到配件,你将会承担巨大的风险"。迫于威胁,这位大楼所有者只能放弃跟我们公司合作。

我陷入了茫然之中,不知自己为什么会处于如此艰难的境地。寡占状态持续,旧有体制下的"业界之墙"坚不可摧,大楼所有者的观念更是根深蒂固。客户习惯了旧有的商业模式,不知道可以更换其他公司。我第一次深切触碰到这堵深深扎根于人们意识当中的"文化之墙"。

在我失掉了10栋大楼的单子之后,中川内先生一直没有联系我。然而,几年之后,他再度找到我,并把他所居住的街道的负责人介绍给了我。由此,街道里很多人都跟东京电梯合作,我们签了很多合约。

我非常感激中川内先生,但也不知为何他要如此大力帮助我,内心有一丝疑虑。有一次,街道的负责人跟我道出了真相:"小马,其实中川内先生已得了癌症。尽管如此,他还是拼尽一切帮助你。见了你之后,我也明白他为什么要这么做了。中川内先生,他应该是看到你为了帮助更多的人而拼命努力,所以抱病也要支持你吧。这就是你人格魅力的影响啊!"

听到这些话,我的眼泪几乎要掉下来了。中川内先生一直在关注着我,据说,他好像因为背负着父亲留下的巨债,生活非常艰难。啊,这样的好人竟然得了癌症?!

后来,我跟街道上的人一起聚餐,中川内先生也在。我试着问他:"您为什么一直以来都这么热心地帮助我呢?"

他说,是被我努力交换名片的身影所感动。看到我作为外国人,带领一家没有名气的企业,挤进固有旧态体制的行业,还努力开展前所未有的新业态,他深受感染:"小马,我非常尊敬你,所以发自内心地想要帮助你。最初,出于好心介绍给你的大楼单子没有了,眼睁睁看着到手的机会流失掉,我非常地抱歉。知道自己得了病之后,我更想心无遗憾地帮助你,直到生命的最后一刻。"

接下来明明该是我报恩的时候了,可就在聚餐的 2 周后,中川内先生因为病情恶化离开了人世,那是 2016 年的秋季。

大雨中痛哭

灵前守夜当天下午,天气非常恶劣,外面风大到几乎无法撑伞,如注的大雨从空中瓢泼而下。从车站到殡葬场的途中,大雨几乎把人们浑身都浇透了。我在大雨中放声痛哭,在客人面前隐忍的泪水,如决堤一般流了下来。

可以说,正是有了中川内先生的支持,才有了我的创业人生。跑客户时,我每每会被问到"不是不能买到配件吗""跟

第三章
拆覆"规则限制之墙"

你们公司签约真的没事吗"这样的问题。说服他们就跟上审判台一样,好几次,我都强忍着泪水想逃离工作现场。中川内先生鼓励我说:"你现在做的,是可以帮助很多人的很好的事情。"他真正地理解和支持我。这么令人钦佩的人,竟然就这样离开了世界,我内心的悲痛无法用言语来形容,眼泪如雨水一般流个不停。大自然似乎也在为中川内先生哭泣,这场雨就是为中川内先生流的泪吧。

在殡葬场的二楼,中川内先生的夫人走近了我:"是小马吧?经常听我丈夫提起你,一直以来多谢您的关照。"我赶紧说:"应该是我要向您表示感谢才对,您的先生真的帮助了我很多。"第一次见面,我们几乎完全没有陌生感,竟如多年的旧相识一般,那种亲切感更让我思念已故之人。

"中川内先生,一直以来真的谢谢您!我应该早点报答您的恩惠。现在做什么都已经晚了。我真的非常后悔……"我的眼泪不自觉又流了出来。我在他的遗像前停留了很久,心想:"从今往后,我也会更努力地去帮助更多的人!"

我痛切地感受到人生的无常,深深感叹人与人之间奇妙的缘分,心下再次发誓要像中川内先生一样去帮助别人。在回途中,我的泪水依然止不住地流,但是,悲伤之痛已经化为了感谢之情。

持续变动的商业环境

电梯保养行业面临调整

封闭的电梯保养行业逐渐出现了竞争，在当下，已经出现了很多独立的保养公司，客户也有了更多的选择。这是一件好事，但同时，有的同行为了增加业绩，不计成本一味地进行价格战。这个行业里有新生力量的加入，也有因做不下去而退出的。

直到现在，我都认为电梯保养不是一项简单的工作。电梯安全关乎人命，因此，电梯理所当然应安全地运行。人一旦被关在电梯里面，就是大事件，是争分夺秒人命关天的事，特别在夏季，危险系数更高。发生这种事，从业人员背负的精神压力非比寻常。

电梯是电气化机械，跟汽车一样会发生故障。不同年代的电梯的型号各不相同，有的电梯维修，用的还是回收的劣质配件。电梯发生故障时,必须准确检测、迅速修理,这需要专业人员具备精湛娴熟的技术和经验。保养电梯并不轻松。

一旦有服务商提供低价的服务,大楼所有者往往只会把关注点放在价格上。我真心希望他们可以注重服务的内容,并且选择与正确的服务商合作。我认为这个行业以后会面临调整。保持适当的竞争压力,避免过度竞争,是一个行业逐步走向成熟的标志。

作为律师,帮助日本企业进驻中国市场

除了担任东京电梯的社长,我还是很多日本企业的顾问律师。我为这些企业提供建议,帮助他们进驻中国市场,这项工作非常有意义。

日本企业进驻中国市场有几种模式。有的往中国派遣大量日本员工,使其像日系企业一样运转;也有的只派驻少量日本员工,而大量雇佣中国人,管理者也由中国人担任。另外,企业的成长策略也各有不同。有的企业只在中国建立加工制造基地,销售和出口等事项是由日本国内来定的;也有的企业把中国作为一个据点,然后在欧洲及其他国家建立代理网。每一种模式都各有优劣,关键取决于公司的思维和策略。

2003年上半年,日本企业掀起了一股进驻中国市场的浪潮,这也是我最忙碌的时候。期间,我接受了很多规模不同的企业的咨询。其中,不乏一些只顾着着急进驻中国市场,拿着连事业计划书都称不上的文件跑来咨询的人。在这里,给大家分享一个失败的公司案例。

首先说一下我的经验。作为精通中日两国商法的律师,我出版了《最新中国商业经济情报》(又名《果实与毒》,2003年日本光文社出版)一书,通过实例列举,让人简单易懂地了解关于进出中国市场的内容。这本书刚出版就非常畅销,很多咨询者从日本各地纷至沓来。这些负责人被委以进驻中国市场的重任,但因为信息不足,感到不安和苦恼。为此,我把咨询费用设置为1小时1万日元,后来发现这个价格设得太低了。

来我办公室咨询的人蜂拥而至。其中有一家由10位男性组成的团队,一到办公室,就催着我审核和中国企业签定的合同,那是一份多达30页的厚厚的合同书。"我们现在读一下这份合同,您听听,帮我们修改一下。"就这样,我被这10个人团团围住了。整整1个小时,我根本没有办法集中精力做事。

在听他们诉说的过程中,我明确了一点,就是这家公司不愿在调查上花费精力。在对合作的具体内容都不太清楚的情况

第三章　拆覆"规则限制之墙"

下,他们就计划投资 5 亿日元。我问他们这份合同是怎么做出来的,他们说,是从某个网站上复制粘贴过来的。为了节省调查费用,连对方公司都没有正儿八经地调查过。这是一份跟赌博一样的计划书,甚至连一个完整的提案都算不上。于是,我直截了当地说,你们这样做很可能连成本都收不回。这群人之后还是不愿意离开,我都不记得是怎么把他们赶走的。

事实上,我碰上好几次这种玩笑一般的咨询,后来我意识到,可能是我的咨询费用设置得太低了。我把咨询费用提高到 1 小时 5 万日元,状况马上就好了起来。来咨询的都是一些认真考虑进驻中国市场的公司负责人,带着准备充分的资料,这样,我也能给予他们更多的帮助。由此,我深切地感受到,无论是服务还是产品,并不是价格越便宜越好,只有匹配了合适的价格,才是最好的。

活用逆境的信号

门槛虽高,但无论是工作还是人生,都是在高门槛处产生机会。

涉足规则保护之下的产业非常之难,不过,反过来看,如果能从某一点找到切入口并进入其中,就可以获得巨大的收益。人生也是如此,首先要做的就是突破,行动起来!只要在被规则和旧的常识束缚之前成功突破,就能进入从未接触过的更大的世界!

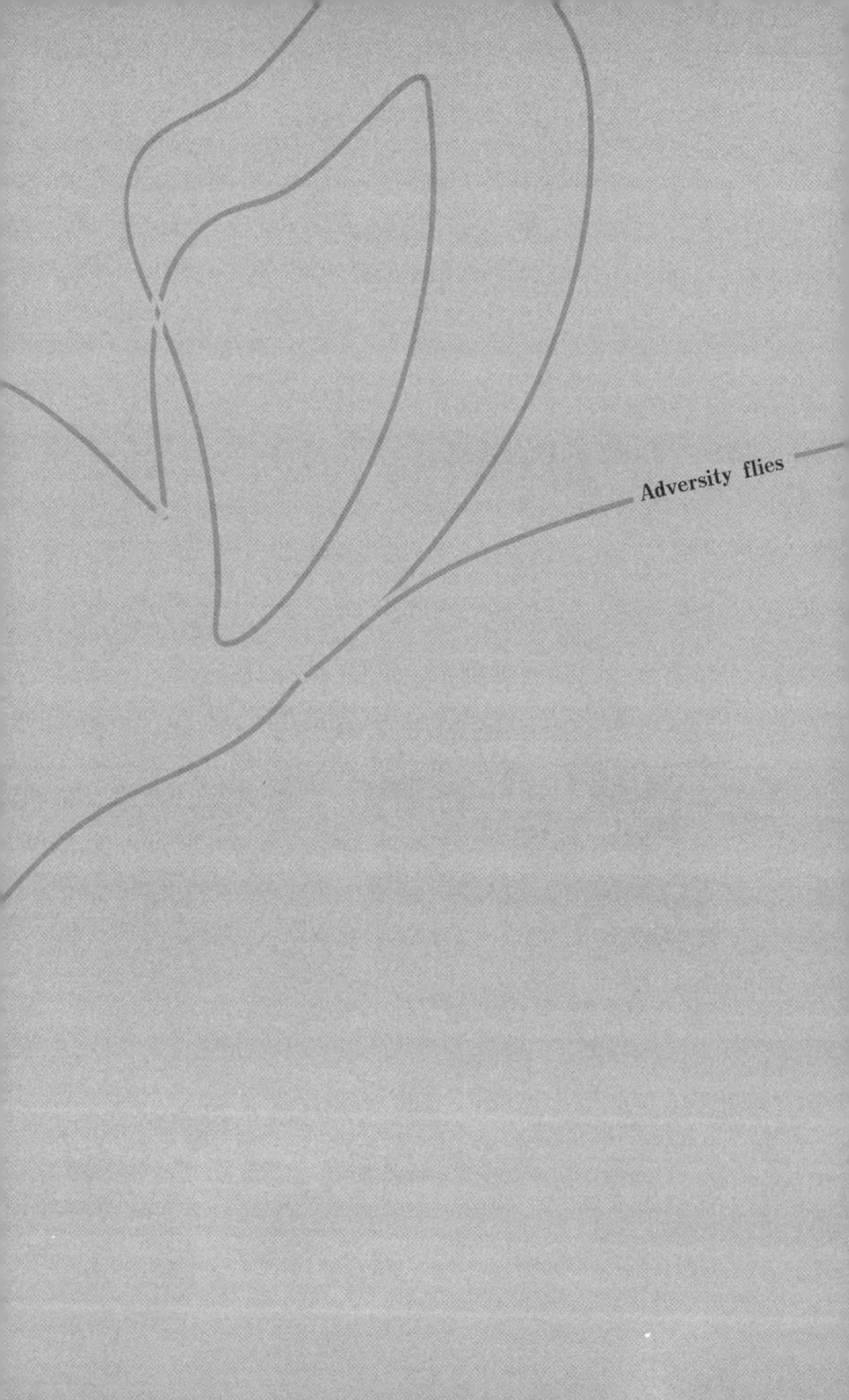
Adversity flies

第四章

跨越「文化之墙」

机场大巴上命运的相遇

大家一定想知道我的私人生活吧，同大家讲讲我的丈夫吧。他是我深爱的、无可替代的丈夫，是我儿子挚爱的父亲。

爱情是可遇而不可求的，命运的齿轮转动得稍有差池，两个人都不可能相遇。人们常说，千里姻缘一线牵，我跟丈夫就是被红线牵到了一起。我们是在往返于成田机场和市中心的机场大巴上认识的。

当上讲师，并实现了出版书籍的愿望

先说一下我个人的发展情况吧。2002年之后，公司发展趋于稳定，2004年，我正式出任社长，终于可以自己给自己发工资了。这种繁忙的状态告一段落，我也总算能放松一下身心了。当时，我参加了一个学习交流会，银座一家社会学校的校长，邀请我去讲授中国最新经济情况的课程。因为我既是公司经营者，又持有中国的律师资格，就接受了邀请。

虽然没有当过老师，但为了在日本的商业圈多传播一些中国的商业信息和案例，我做了充分的准备。不久，我站上了讲坛，每周一次给社会人士讲课。

讲课期间，我的健康状况非常不好，还曾晕倒过，身体最差的时候一周叫过三次救护车。大概是因为公司稳定了下来，我一时失去了奋斗的目标，身心一下子松懈下来了吧。我是那种不设立目标就无法继续前进的人，于是，在心里不自觉地把"写书"作为下一个目标。在医院病床上的时候，我将这一想法告诉了一位前来医院探望的朋友。

有一天，又正当我讲课，但自己身体状况很差，病得几乎不能下地走路，心想，要不就取消今晚的课吧。但校长说，这次有人专程从茨城县和静冈县赶来听课。为了不让他们失望，我还是坚持上了讲台。那节课上，我比较随性，跟听课的学员顺嘴说了一句"接下来，老师要写书了"。

令人称奇的事情随后发生了。讲座的学员里面有从事出版的编辑人员，一周后，他问我："马老师，要不要试着写书？"我非常吃惊，反问他："写什么书呢？"他提议说："可以写关于中国商业最新发展的书，面向日本读者，用日语写出来。"

第四章
跨越"文化之墙"

将自己的愿望写出来,开启爱的生活

功夫不负有心人,书一出版就大卖了。一方面,当时正值中国加入世贸组织不久,进驻中国市场成了日本企业圈的关键词,进驻中国的观念被炒得沸沸扬扬。另一方面,中国的发展实在太快了,大家对中国的了解都非常匮乏。在这样的时代背景下,我的书就有了很强的参考价值。

自从出版了书之后,我不断收到日本各地演讲和讲课的邀请,各大媒体也争相跑来采访我。我还担任了JETRO(日本贸易振兴机构)的讲师,以及经济产业省的全球顾问。期间,我接任了东京电梯的新社长,同时在中国成立了法律事务所,接待很多进驻中国市场的日本企业。我还作为很多聚会的特邀嘉宾,佩戴着有红花的姓名牌,别人开始称呼我为"马老师"。作为一名30多岁的事业女性,我的生活顺风顺水,一切都非常美好。

人越是追求事业上的成功,生活也越会以工作为中心。感情上,我也有过交往的人,但是因为我想要继续工作,导致跟对方意见不合,最终不得不分开。那段时间我的精神压力很大,有意无意都会避开恋爱的话题。

在内心深处,我非常渴望能有一个理解自己的人。不知道从哪本书上看到过这样的话:"把你的愿望写下来,放在眼睛容易看得到的地方,愿望就能实现。"我想,这个方法值得一试,万一灵验呢?2004年12月,我在自己的笔记本上写下了"期望可以遇到一个理想的人",我把笔记本放在了床头柜里,每晚睡觉之前都会看一下。

坐在我边上的人问:"May I…?"

我在大连开设了法律事务所,经常要往来于中日之间。为了方便行程,我常乘坐东京成田机场到市中心的机场大巴。

2005年1月的一天,我结束了中国的工作返回日本,清晨4点从大连的家里出发,搭乘7点左右飞往日本的航班。抵达日本后,我在成田机场乘坐开往东京城市终点站(T-CAT)的机场大巴,这车刚好可以到达公司附近的水天宫站,非常方便。成田机场到T-CAT之间大概有1—1.5个小时的车程,我坐在了靠窗的位置上,准备路上睡一觉。

下一个停靠点上来了很多人。我把放在旁边位置上的办公包拿下来,放在自己脚前。车子开始动起来,我双眼望向窗外,故事就在这个时候发生了。

"May I…?"(我可以……吗?)我寻声望去,是一位

第四章
跨越"文化之墙"

黑白发交织的看起来让人很舒服的外国人,他微笑地指着我边上空着的座位问道。我回答说:"Of course(当然)。"于是,他坐进狭窄的座位,开始读起杂志来。我无意中瞥了一眼,看到他读的是一本我没见过的,似乎是关于树和森林的外国杂志,忍不住问了一句:"你在读什么杂志?"

他一开始以为我是乘务员(可能是因为我频繁地出差,看起来非常淡定的缘故吧),我告诉他是公司经营者。"啊,你是公司经营者!"他非常吃惊。两个人就此打开了话匣子。我们同是在东京工作的外国人,因此觉得莫名地亲近。

不知为什么,刚开始交谈不到10分钟,我内心就产生了非常强烈的想法:很想跟这个人再见一面,想跟他成为朋友。他似乎也很享受跟我之间笑声不断的交谈。不过,无论如何,我也没法说出"我们还可以再见面吗"这句话——自己可是一位矜持的亚洲女性,并且还是律师、公司经营者,书出版了之后怎么说也小有名气,怎么能先开口呢?

我脑海中不停地翻腾着这句话,但自尊心作祟,怎么也说不出口。愉快的谈话还在进行着,车子却很快就要到站了。我心想,他肯定会开口的,于是就赌一把,等他邀请我。

离到站还有10分钟……7分钟……我紧张到了极致!他还没有开口——还有5分钟……如果现在再不开口的话,这段缘分就要结束了!

就在车要到站的时候,他站起来悠悠地说道:"这周末,是否有时间一起吃个饭?"——耶!我开心得几乎要跳起来振臂高呼,但心想:"不行不行,不可以这样,我可是矜持的亚洲女性,同时又是律师、企业经营者",于是稍微低下脸,压了压声音回答:"当然可以,不错的主意。"我们就此交换了联系方式,各自下车。

没想到,这个人后来竟成为我的丈夫!他当时从韩国出差返回日本,到达的是跟我不同的航站楼。他平时不是这样走的,只是偶尔坐这趟航班、搭乘这班大巴,跟我遇见纯属偶然。真是千载难逢的大巴邂逅!在我写下"期望遇到理想的人"的愿望一个月之后,它竟然真的实现了!

爱里客的眼泪

这位白发绅士,名叫爱里客·威廉姆松,20世纪80年代起,开始频繁地出入中国,对中国的社会文化有很深的了解。在我讲关于中国的事情时,他能迅速地理解,我们交谈得非常顺利。

爱里客是瑞典人,住在东京的广尾。他比我大15岁,30多岁开始在海外生活,跟我认识的时候,他是瑞典一家大型上

第四章
跨越"文化之墙"

市公司的副总经理兼亚洲区负责人。该公司在全球50多个国家都开展了业务，主要是制造和销售温湿度调节装置。

尽管爱里客55岁了，但穿着舒适得体的商业套装，体态优雅，风度翩翩。爱里客有着迷人的笑容，一笑起来似乎整个身体也跟着在笑，性格开朗阳光。我们互相聊了彼此的成长过程、在日本的生活和工作等等。

我跟他讲了迄今为止的人生经历。生于中国大连，父母有着男尊女卑的思想，作为长女不受欢迎地来到这个世上；幼年时期做着大量的家务活，期待着去到更大的世界看看；与母亲之间的冲突；奇迹般地赴日留学，过着边打工边学习的生活；在早稻田大学学习并获得博士学位，取得中国律师资格，在此期间创业并取得成果；苦恼于业界旧有制度、与公司员工之间的关系，等等。为了解决这些问题，自己一直不停地接受着挑战。

爱里客非常认真地听我讲述这一切，尤其对我到日本的过程非常感兴趣，因为他知道对一般中国人来说，要实现到日本的愿望是非常困难的。

我说："刚来日本不久，为了维持生活和学习，我每天几乎只睡4个小时，被人骂着滚回中国；每个黎明要从公寓走到巢鸭站，很多次我都偷偷地流泪；为了节省学费和生活费，我忍着不买仅有100日元左右的面包，只是闻闻面包房里飘出的香气安慰一下自己。但在这样的情况下，我竟然萌生出一丝幸福感。"

听到这里时，他说："在你忍着不买100日元的面包的时候，我住在120万日元租金的高级公寓里。一个普普通通的中国女孩，孤身来到日本创业开公司，这不是一般人能做到的！"确实，单是从中国来到日本就令人难以置信了。日本不会特别对外国人敞开心扉，也绝不是一个容易生存下来的地方。

他说："虽说我也很辛苦，但是从经济层面来讲，我有公司的支持，也有经费使用。可你是白手起家啊！孤身一人来到日本，通过奋斗获得如此的成就，我真的非常吃惊。"

沉默了一会儿之后，爱里客那双清澈的、绿色瞳仁的眼睛（他后来经常跟我炫耀"有好几个女人都说过我的眼睛漂亮"）满含泪水，眼泪顺着脸颊流了下来。他是第一个听完我的故事后当场流泪的人。他轻轻地说道："我从心里敬佩你。"

之后，我们开始频繁地见面。

超群的理解力

爱里客是一个理解力超群的人。有时，我因为兴致一来会不停地说话，他就将两只手的手指相扣，低着头静静地听我说，

第四章
跨越"文化之墙"

一句都不反驳,直到我说完,他才会说:"你说的都对,这么担心我的人也只有英华你了。"他还不停地表扬我。看我的兴致落下来,他又会说:"这件事就到这里吧。"然后转换到别的话题上。这样一来,我也就释怀了,不再纠结于某件事中。

一开始跟他的交往时,我对瑞典不太了解,跟他熟悉了之后,我非常惊讶于瑞典的文化。一般来说,瑞典人很腼腆,特别是男性,不会直白地表达自己的情感。当女性感情用事喋喋不休时,男性经常以此为由提出分手。所以,我会在内心反省,自己对爱里客所做的这一切在瑞典人看来是多么地难以想象,多么地过分。

爱里客年轻的时候就开始在国外生活,所以非常了解异国的文化。他能接受我的一切——我的长处,我的短处,我的幼稚。遇到问题时,他会非常细心地跟我分析,渐渐地,我什么事情都会跟他诉说、商量。我们彼此尊重、理解,因爱结合到一起,非常幸福。

稳重、有包容力的爱里客,对我而言十分重要,但是随着感情的加深,我也不得不考虑更加现实的问题。不久,令人难以接受的事发生了——他回国赴任的日子到了。

"你自己的人生，难道不能自己做主吗？"

爱里客出生和成长于瑞典东南部的卡尔马城，那是面向波罗的海的港口城市，总人口约7万。卡尔马城于中世纪建成，延续至今，历史悠久。

爱里客一家四口，父亲是一家大公司的管理人员，母亲是家庭主妇，他还有一个弟弟。他说自己不是特别擅长学习，成绩中等，但是从小对商业有着浓厚的兴趣。据他的朋友说，爱里客很小便具有良好的沟通能力，18岁的时候接受朋友的邀请，在当地的一家企业工作，20多岁时就成了公司的管理者。30多岁时，爱里客被猎头挖到这个大公司工作。这是一家上市公司，总部位于斯德哥尔摩，有1万多名员工。他在公司的发展非常好，跟我认识的时候担任该公司的副总和亚洲区的负责人。他跟因病去世的前妻育有两个孩子，都已长大成人。

因为我们之间的年龄差，我跟他在一起就像女儿一样，他经常称呼我"小姑娘"。我身兼社长和律师，异常忙碌，他对

第四章
跨越"文化之墙"

我而言,就像小熊维尼一样地开心。

女性的"经营判断"

爱里客和我都是公司的经营者,经常一起探讨经营上遇到的难题。我肩负着公司的重任,常常要面临抉择,下达重要的指令。身为女性,早晚都要面临一个抉择,那就是到底要不要生孩子。如何做这个抉择对于职场女性来说更是艰难。

我很小就为将来是否要生孩子苦恼过。我想到了谩骂我的母亲。别说给予自己的孩子多少爱了,她几乎是放弃了对我的抚养。我担心自己也会变成这样的母亲,觉得非常恐惧和不安。要是我变得跟母亲一样,那不是在造孽吗?

要不要做母亲,这是女人一生的重大抉择。我很想做母亲,留给我的时间不多了。在与爱里客结识的 3 个月之前,我迎来了自己 39 岁的生日。每天带着重重的公文包跑工作的同时,我也在考虑生育的问题。但这并不是一个人就可以想明白的,关键还要看能否"遇到一个理想的人"。

家庭和工作对我来说都非常重要。边经营公司边抚养孩子不是一件简单的事,这是一个重大的抉择。"决定了,我要当一位母亲。我想要孩子。"就在我坚定了这个想法的时候,爱里客出现了。

深思熟虑之后，不达目的誓不罢休的我，在与爱里客交往了2个月后，单刀直入地跟他说："我想要孩子，想要你的帮助。"

他惊讶地看着我，绿色的瞳孔瞬间变大了："嗯，等一下。我已经55岁了……要孩子可不是一件小事情。给我一周时间考虑，我要听听孩子们的意见。"

这是人生的重大抉择，不是可以等待的事，直觉告诉我，他的孩子们一定不会同意这事。

我对他说："爱里客，只有你是最了解我的，你的孩子对我一无所知，他们不可能赞同这件事。你是管理着全球上万人公司的领导者，难道不是自己的领导者吗？你自己的人生，自己决定不了吗？"

我和他都在短时间内看清了彼此的性格。在他眼里，马英华是一个一旦下定决心，不达目的誓不罢休的人；在我眼里，爱里客是一个有着20年以上公司管理经验，对自己的决断无比自信的人。

爱里客毅然决然、面色严肃地对我说："没有这回事。我自己的事情自己来决定。这件事情不再问孩子们了。我的回答是'yes'。"

第四章
跨越"文化之墙"

他最终还是回了瑞典

做了这个重大决定不久,爱里客的人事调动下来了——他要回国了。我虽然非常震惊,但这是爱里客认识我之前就决定好的,他此前一直在做着准备。因为在日本生活了20多年,他非常想念故乡,所以提交了回国申请,之后经历了工作调整、交接、安排等。认识我之前,他已经不可能继续留在日本工作了。我的出现,完全在他的意料之外。

可是,我不可能离开东京,公司还需要我。"这可能是一场没有结果的恋情",这个念头在我脑海中一闪而过。不过,作为事业型的女性,我自信一个人也可以过得很好,爱里客也非常尊重我的决定。于是,在认识仅仅4个月之后,他回到了瑞典。我们开始了异地恋。

我们俩尽量挤出时间见面。那年夏天,我利用盂兰盆节假期,第一次去了瑞典,他也在别的时间来日本见我。电话成了我们沟通的工具。一天,爱里客突然打电话给我,说他决定辞职。"等一下!为什么?你现在的年薪和待遇,没有其他公司能给得了呀。我不同意你为了我放弃自己的事业。冷静一下再好好想想,还得考虑以后的事,不急于现在就做这个决定吧。"我试图阻止他,但是他似乎心意已决。

"从18岁开始,我就不停地坐飞机辗转于世界各地;因为工作的缘故,参与了很多次公司裁员,整个人被磨练成像具有铁石心肠一般。其实,我更喜欢树木、森林这些东西。我不是一时兴起做这个决定的,我想要真正属于自己的时间。即使公司给再多的钱,也影响不了我的生活。我不想以后后悔,所以,决定听从自己内心的声音。"他这样说道。后来,他果断地离职了。后来想想,他的这个决定是非常明智的。

没过多久,爱里客送给我一个惊喜,邀请我去意大利度假。其实,他之前早已买好了去意大利的机票。

我们去了托斯卡纳和圣马力诺,住在建在悬崖上的酒店里,欣赏着无尽的美景。那一眼望不到边的葡萄田地,美得无法用语言形容。早晨我们用餐时,阳光会照射进酒店的自助餐厅。跟爱里客在一起,我是多么地幸福!

这趟旅行归来,一个新生命悄然来临了。

我的专属司机兼顾问

在东京,我一成不变非常地忙碌,即使有孕在身,也依然身兼经营者和律师。爱里客则往返于东京和瑞典之间。他辞掉高管的工作后,在瑞典开始从事心仪已久的森林管理工作,可

第四章
跨越"文化之墙"

谓兴趣与利益兼得。

在日本时,他每天开心地接送我上下班。接送我的这1个小时,是属于我们之间的宝贵的交谈时间。他觉得我工作得有点过头了。东京电梯在成立的第10个年头终于走上了正轨,可是我依然是孤狼一匹,扮演着老板兼雇员的角色,既放不下公司事务,也不放心把事情交给下属办。

通常来说,日本中小企业的社长都信念坚定、欲望很强,所有事情都力求亲力亲为,无论何时都要知晓公司的大事小事,想掌控一切,连一个短假都不敢休。我见过太多跟我一样的经营者陷入所谓无微不至的管理状态。怀孕之后,我身体状况不佳,但临到生产住院为止,几乎都没有休息过一天。

"作为社长,凡事都自己做,这是在阻止公司成长,因为你没有培养人才,这样下去风险非常大。"当时,爱里客边开车边跟我分析。

"我以前也像你一样,"等红绿灯时他继续说,"20岁时被委任为公司社长,肩负经营的责任。一开始也是什么都自己做,但是渐渐地身心非常疲惫,公司的经营状况也开始下降。"

"以现在公司运转的状况看,若是你感冒的话,公司也会感冒,这对公司来说非常麻烦。作为社长,你的工作是让自己休息好,拥有精神饱满的状态,不断提出新的理念和想法,继而设立好目标，关注好数据，再确认结果就好了。"

他如此这般尖锐地指出问题所在，让我面红耳赤。"我是小公司的所有人，而你是大公司的副社长，立场不同，我也没有可以放心交付的员工。你知道我为了把东京电梯做成今天这样，付出了多少努力吗？对我来说，它比我的孩子都重要。"我反驳道。但是他特别有耐心，并不生气，反而接受我说的一切："我非常理解你的心情。"看到他这样，我的心情也缓和了很多，开始考虑他的主张和意见。

爱里客经常跟我探讨关于经营的主题。他沉着冷静的说话方式、坚持自己主张的态度，让我开始转变工作的方法。

"支持你，有着重大的价值"

爱里客像专属司机一样接送我上下班，我心里虽高兴，也不免觉得歉疚。有一次，我问他："你的年纪还正当年，却为我做专职司机，这不是不能全部发挥出你的能力和价值吗？

到现在，我都清楚地记得他是怎么回答的："英华，我的小姑娘，你没有完全明白自己的价值。我从来没有见过像你一样的女性，虽经历磨难，但努力积累人生经验，坚持热心地帮助别人。这个世界很少有像你这样努力的人。"

第四章 跨越"文化之墙"

"我虽然在大公司工作,但那不是我的公司。而你不一样,你是白手起家,从零开始,用心血和汗水铸造了你的公司。女人没有超乎男人的能力的话,是不可能经营公司的。能够支持像你这样的女性,是我的荣幸,你值得我这样做。支持有价值的人本身也很有价值。如果我接送你可以提高你的价值的话,那不是一件很好的事情吗?"

"你有自己的公司,要为所有公司员工负责。而且,你已经出版了自己的书,人们都在向你学习。我是一个无名之士,而你不同。你是一个有着巨大价值的人。"

我这是遇到了多么好的人啊!他的话,深深地安慰了我的心……我几乎掉下泪来,甚至不能很好地用语言来表达感激之情。他的理解给予我多么大的救赎和鼓励!

回想一下,很多时候我是不被人理解的,感受更多的是孤独和无助。

母亲从我记事起几乎就没理解过我,从小让我干堆积如山的家务活,导致我没法跟同龄的孩子一起玩,遭受欺负;大学的时候,因为获得奖学金,我被其他的中国留学生排挤,理由是"你已经有钱了,跟我们不一样了";即便后来成了经营者,因为是中国人,是女性,也不得不直面公司内外的矛盾,被迫一个人做着重大的决断。在我的人生中,能出现如此理解和支持我的人，真像出现奇迹一般。

2007年1月，我们的孩子出生了，是个男孩，4200克。从此，我人生的角色除了经营者、律师、妻子等以外，又多了母亲这一项。

我的恩人医生

爱里客曾跟我说，对于要孩子这个决定，他有过一些动摇。

爱里客之前的公司有一位和他交往了十多年的医生。爱里克非常信任他，经常跟他倾诉个人的烦恼。在认识我之后，爱里克跟医生说："我爱上了一位亚洲女孩，她说要跟我生孩子，我不知道该怎么办，如果是医生您的话会怎么做呢？"

医生问他："你有女孩的照片吗？"爱里客给他看了我的照片，讲了我们之间的事情。医生认真地看了我的照片之后，递给了爱里客一面镜子："看看你自己吧。"爱里客看见镜子里的自己非常消沉，说："啊，我已经老了，这是一张50多岁的男人的脸。"

医生说："你也知道自己老啊！照片上的女孩配你简直浪费了。"他笑道，"她既年轻又漂亮，还非常知性。你好好想想，比你小15岁的女孩说要跟你生孩子，一般来说这是不可能发生的吧。你简直是世界上最幸福的男人。我要是你的话一定回答'yes'，别犹豫了，赶紧和她生孩子去吧。"

因为自己信赖的医生下了一个可靠的保证，爱里客在50多岁的时候认真地考虑起要孩子这件事来。

虽然我没有见过这位医生，甚至连他的名字都不知晓，但是，是他的话让我当上了母亲，他是我的恩人，我十分感激他……

突然的离别，
　　在飘雪的他乡陷入末路

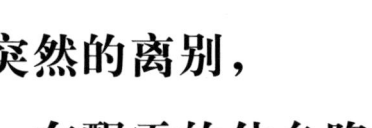

我第一次去爱里客的家乡瑞典，是在我们认识那年的8月。瑞典的树木郁郁葱葱，天空蔚蓝晴朗。红色、黄色的小花竞相开放，大片的油菜花田绚烂无比。街上都是红色屋顶、黄色墙壁的房子，非常美观；没有垃圾，没有灰尘，环境干净优美；放眼望去，还可以看到海。眼前的美景像天国一样占据了我的心。

很快，半年时间过去了，和夏天不同，这里的冬天自有乐趣。除了自己的家乡，爱里客在斯德哥尔摩也有房子。我们有时去歌剧院，有时玩雪，常常乐在其中。爱里客家里有一个大大的壁炉，十分温暖舒适。北欧国家的人，冬天有很多时间都是在家里度过的，所以擅长室内活动。我见了丈夫与前妻的孩子以及亲戚，对瑞典文化的了解也逐步地加深。

第四章
跨越"文化之墙"

一个人抚养孩子,真残酷

自打孩子一出生,我的生活就发生了翻天覆地的变化。丈夫和我都是外国人,我的工作很忙,他平时也不在日本,所以,当大事小情如潮水般涌来时,我几乎要崩溃了。

每年的2月是电梯保养行业投标的重要时期,那时孩子刚出生一个月,为了确认工序说明,调整公司增加的各项工作,我不得不回公司上班。

晚上,我得起来几次给孩子喂奶,还要给自己准备吃的。爱里客和我在日本没有一个亲戚,我也没有边育儿边工作的熟人可以请教。公司的事务不会因为我生孩子而减少,都需要我做决断,但我只能勉强坚持工作。我累得头晕脑胀,面如土色,甚至连路都走不稳,身体严重透支,不得不去医院接受全面的检查。

我实在是走投无路了,不得不向居住社区的区役所(相当于中国的居委会)求助。幸运的是,区役所帮我成功申请到为职业女性定制的"保育妈妈"(又称为"家庭保育者")服务,介绍了一位住在附近的保育妈妈,孩子可以放她那里照看。这位保育妈妈是第一次照顾出生仅2个月的婴儿,也犹豫过,但因育儿经验丰富,最终很好地照看了孩子。

历经这段艰难时期，我深切感受到养孩子不是一个人能干的事，家人的支持非常重要。孩子小时候经常生病，感冒、闹肚子、发烧，还叫过救护车。那时，我既无法把孩子托给保育员照看，也去不了公司。有时跟客户提前约定好了见面时间，但遇到孩子发烧生病，见面毫无商量就得改时间了。我深深地体会到当妈妈的不易。

不久之后，丈夫将孩子带到瑞典，我在5月和8月的盂兰盆节假期赶过去，回国的时候再把孩子带回来。就这样，爱里客一年当中大概有3个月时间跟孩子待在一起。

有一次，孩子的眼睛突然肿了起来，去瑞典的医院检查，说是一切正常。但我放心不下，又马上带他到日本做检查，一查才知道是对鸡蛋和牛奶过敏。日本治疗过敏很细致，这事总算让我安心了。如果不是母亲，恐怕很难留心孩子会对鸡蛋和牛奶过敏吧。

孩子3岁之前，我得一边工作一边照顾他。爱里客基本上不在日本，我的日子非常难熬。当时究竟是怎样支撑下来的啊？现在想想真觉得不可思议！

第四章 跨越"文化之墙"

心中的宝物:《音乐之声》

往返于日本和瑞典的育儿生活痛并快乐着。爱里客做着森林管理工作,跟大自然接触的日子过得非常充实。孩子3岁时,爱里客提议:"我想带你好好看看欧洲,我们一家三口去欧洲巡游一次吧。"

那年的5月,我们开启了为期两周的欧洲8国自驾巡游:法国、意大利、德国、奥地利、丹麦、瑞士、荷兰,最远到了摩洛哥。

印象最深的是在奥地利,爱里客提前准备好了音乐剧《音乐之声》的DVD。他对我说:"英华,我觉得你一定会喜欢这部电影的。"在去阿尔卑斯山之前,我们在酒店一起看了这部电影。

《音乐之声》中的玛丽亚,与其他普通的修女不同,对外面的世界充满了好奇,性格阳光活泼。玛丽亚是位家庭教师,任教的家庭的孩子失去了母亲。她跟家里的孩子们组成了一个乐团,很快融入了孩子们之中。孩子和家长都很喜欢玛丽亚,后来因为纳粹来袭,形势危险,为了逃到安全的地方,玛丽亚带领着孩子们翻越了阿尔卑斯山。

正如爱里客所说,我非常喜欢在高山之巅歌唱跳舞、阳光活泼、好奇心旺盛的玛丽亚,直到现在,《音乐之声》都是我内心珍爱的宝贝。我们去了玛丽亚和孩子们跨越的阿尔卑斯山。很多木制房子依山而建,点缀在绿意葱茏的群山之间,景色蔚为壮观。看到如此美景,不禁让人感慨起自然的神奇优美。

旅途中,孩子有时在桌子下面玩耍,有时在车里安静地看视频。爱里客负责开车,我们一起愉快地交谈,一家三口其乐融融,所到之处都留下了我们美好的回忆。

"我没有时间了"

旅行结束3个月之后,时值盛夏,爱里客得了感冒,高烧伴随咳嗽不止。我让他去看医生,他却说,瑞典人不会因为一个小感冒就去医院的。我说的次数多了,他反而很生气,就是不肯去医院。

虽然放心不下他,我却不得不返回东京继续忙碌。11月,爱里客带着孩子来东京,我的担心果然应验了!他的感冒变得异常严重,整个人体力大不如前。他也觉得身体很不适,就让家庭医生看了看,但是医生既没有给他拍片子,也没有建议去大医院诊治。

命运的齿轮向着不好的方向急速滚动。12月,爱里客没有

第四章
跨越"文化之墙"

进行进一步的详细检查,带着儿子先回了瑞典,准备过圣诞节。但一到瑞典,他的身体状况立刻恶化,马上住院了。医院打来电话,说希望我在检查结果出来之前过去。受到惊吓的我急匆匆地飞到瑞典,谁知等待我的竟是惊天噩耗:爱里客得的是癌症,生命只剩3个月了!……病情发现得早的话,是可以做手术的,但这时爱里客肺里的癌细胞已经扩散了,失去了治疗的最佳时机。

医院是非常残酷的,在确认了病情之后,爱里客被转移到了像收容所一样的病房里。转移病房要经过一个长长的走廊,我至今都清晰地记得,爱里客穿着病号服,躺在简易的病床上,由一男一女两个医护人员陪护着转移。我拿着他的衣服、书以及一些简单的日用品,跟着他们一起走。

这条很亮的走廊,于我,却像一条又长又暗的隧道。人明明活着,却不得不去病房等待死亡。在现实面前,一切都是那么地无奈。

像爱里客在事业上如此成功的人,死的时候什么都不能带走,还留下年轻的妻子和不到4岁的儿子……他该怎样接受这一切啊?人的一生怎么会这样结束呢?

作为妻子,我好想做点什么,可是我什么都做不了。今后的事情,我完全没办法想了。儿子还那么小,我该怎么办?

爱里客已经知道了一切，从病房出来见我。他在走廊里跟我说的话，至今在我耳边回荡……

"我不能保护你和孩子了，不能再继续尽丈夫的职责了。英华，我们曾拥有一切，过着充裕的生活，彼此相爱，还有一个属于我们的孩子！唯有一样东西是不够的，那就是时间。"

"但是，我非常地幸福，因为英华你一直在我的身边。这个孩子是我留给你最好的礼物。"

"英华，不要坐在我旁边，坐到我的正对面去。我想看着你的脸，我要永远记住你。"

爱里客在去世前一天，几次打来电话问我："你大概几点到医院来？"他以前从没有这样，为什么会突然那么在意时间呢？后来我问了护士，才恍然大悟。为了止痛，爱里客要注射吗啡，他是在计算药起作用的时间。他跟护士说，不要告诉我他的痛苦，要让我看到他最精神的一面。直到最后一刻，他都没让我看到他痛苦的样子，也没对我说过一次痛。

我一直以为爱里客还可以再活3个月，但是做梦也没有想到，在走廊里跟我说完话一个星期之后，他就永远地离开了这个世界。

第四章
跨越"文化之墙"

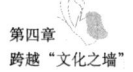

即使眼睛看不见,耳朵也是可以听到的

家人之间是有心灵感应的。2011年1月上旬的一天,我一大早惊醒了,心跳得难受,莫名地觉得不安,儿子也马上呕吐起来,我起床开始哄他。早上6点钟左右,电话响了,是从医院打来的:"夫人您好,爱里客先生,怕是撑不过今天,请您马上来医院一趟吧。"

我承受不了这一切,放声大哭起来。不可思议的是,儿子看到张皇失措的我却异常镇定:"妈妈别哭了,爸爸不会回来了。"我说:"爸爸不回来,要去哪里呢?"儿子说:"爸爸要去天空的星星那里。"

我哭得更大声了……脑子混乱不堪,只剩下"我不明白,为什么其他一切都照常运转,偏偏爱里客不在了?"

那年的雪下得格外大,没有办法开车,爱里客的亲戚过来带我。一位女牧师已经等在医院了。

我们坐在爱里客的病床边,牧师跟我们讲了很多话。她说:"人到最后的时候,眼睛虽然不能睁开,但耳朵是可以听见的。所以,请务必让他听听你的声音,说一些让他开心的话。"

我对着他,讲我们在机场大巴的相遇。他和我都非常喜欢我们第一次见面的情景,这是属于我们之间的秘密,以前,我们经常边说边笑地搬出这个话题。

我说话时，爱里客的表情非常平静祥和。在属于我们爱情故事的诉说中，他永远地停止了呼吸。

我们点燃蜡烛，唱着赞美歌。儿子画了一幅羊的画，作为送给爸爸最后的礼物。羔羊是容易迷路的，但是儿子画的羊一定能保护爱里客顺利地进入天堂。

爱里客·威廉姆松，在相识了短暂的6年之后，永远地离开了我……

我至今清清楚楚地记得，最后透过医院窗户看到的情景：人烟稀少的街道，被积雪覆盖的屋顶，屋顶一点点的红透过雪显现出来，和白雪形成了强烈的对比。这种反差，让我感觉无比孤独。在静静的北欧小镇中，我只是个陌生人，接下来怎么办呢？我陷入了穷途末路……

爱里客在世时非常喜欢树木森林，在家里养了很多观叶植物，对它们宠爱有加。他走了之后，它们很快就枯萎了，无论我怎么浇水都不管用。这些植物大概是悲伤过度，也随他而去了吧。

2011年，我的人生接二连三地发生灾难。1月上旬，我痛失爱里客，匆忙地办了葬礼，回到日本时已是2月。谁知，等待我的却是东日本大地震。

经历那次大地震的人大概都还记忆犹新吧。我的遭遇随后再详述，先说一下丈夫去世之后发生的出乎意料、异常烦恼的事情。

4月，为了处理爱里客的后事，我再度去瑞典，没想到竟然就此拉开了跟丈夫家族之间的遗产争夺战。

"我们不会再跟你见面了"

爱里客最不愿看到的就是家族的遗产之争，所以提前准备好了遗书。

一次，他前妻的两个孩子、我和儿子一起在他面前，律师将遗言内容中有关继承人的条款一一读出并且确认，让我们每个人都签了名，达成了一致，这让爱里客和我非常安心。然而，在与生命保险公司照会分配遗产时，爱里客的成年孩子们却拒不履行遗嘱，他们对我说："我们不会再跟你见面了。"

我不得不去瑞典确认到底发生了什么事情。日本大地震后的次月，我来不及喘口气，又回到了瑞典。

再次为钱的问题困扰

钱可以使人发疯，我再次目睹了执着于钱的人。我的母亲如守财奴葛朗台一般，她对钱的执拗，让我痛苦了好长时间。钱究竟有什么魅力，能轻易使人心扭曲？童年时期深深体会到的无力感，过了30年之后，竟然再次重现了！纷争就在眼前，作为律师的我却无能为力。我连一句瑞典语都听不懂，焦躁更加深了我的无力感。

在北欧的小镇上，我一个人孤立无援，不知道该向谁求救。整个纠纷过程的处理，消耗了我大量的精力。

每当想起当时的情景，我就如同坐在观众席，看着一部由自己出演的电影一般。坏事一件接一件地发生，我受的冲击太大了，内心无法接受自己就是当事人。我似乎只是看着电影里

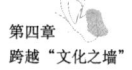

第四章 跨越"文化之墙"

的自己与爱里客告别,然后一再地发生事故。那些痛苦、无奈,是命运强加在被无辜玩弄的另一个自己身上的吧?回想起来,自己大概是通过这样的方式才维持精神正常的。

我每天只睡2—3个小时,无法休息。究竟是什么把我弄到瑞典,不得不遭受这一切的?锥心般痛苦的离别,无尽的家族遗产纷争,这些究竟有什么意义?我不得不每天感受痛苦,也许这就是人生的课程之一吧。

被儿子和公司所救赎

经过仔细思量,我意识到自己解决不了遗产的纷争。处理这个问题不仅要花很多钱,还存在其他一些障碍。

一是不同文化之间的隔阂。一个外国人,在异国他乡与当地人对战,需要相当大的助力,我还没有强大到那种地步。虽说我是一名律师,但是不同的法律根植于不同的文化。在这个跨越几个世纪构建起来的社会里,人们世代相识,而我对这里的文化并不熟悉,在这里,我没有多少胜算。

努力抗争之后,又能留下些什么呢?我不想给自己留下遗憾。更让我担心的是,这场纠纷需要耗费巨大的时间与精力,由此产生的负能量,会给儿子带来不好的影响。我不想儿子通过这样的金钱争夺战获得所谓的"遗产"。儿子小小年纪就失去了父亲,除了我之外,没有人能保护他。

无论如何,我都要保护这个孩子!这个决定支撑我站了起来——我放弃了本该属于我和儿子的财产!

在日本,我有自己的公司——东京电梯,那里有人在等着我。我通过工作帮助员工成长,获得美好的生活。这些给了我多么大的救赎啊!

在瑞典,我无时无刻不想早点返回东京。公司除了能提供给我经济上的支持,更能给予我心灵上的安慰。公司,从某种意义上来说,是我的恩人。对我而言,那是一个比什么都更重要的地方!

陪伴儿子一整晚的老师们

让时间重新回到2011年3月11日,东日本大地震在这天发生了。

地震第一次晃动时,我正在公司开会。受到惊吓的员工迅速地躲到了桌子下,我想去扶一下摇摇晃晃的书柜,就立即挪了过去。"社长,危险!你在干吗?!"——一名员工大声喊着,从后面一把拉住我朝外面跑!那一刻,我才意识到地震的

第四章 跨越"文化之墙"
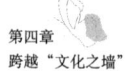

严重程度。

随后电梯保养签约客户的电话一股脑儿打了过来。公司上下齐心协力,员工们想立即奔赴客户处,但是整个东京交通严重阻塞,根本不可能乘车赶过去。于是,员工们都骑着自行车赶到每个现场。万幸,我们负责的地方没有一人受困,没有一人受伤。

我担心在保育园的儿子,傍晚着急往家赶。由于部分电车中断了运行,我只能转到JR线品川站,然后再回家。

下了电车,已经是晚上9点左右了,路上挤满了步行的人,出租车根本动不了,我便放弃了乘车。虽然我万分焦急,但穿着高跟鞋,带着重重的公文包,走起路来非常艰难。走得太久,脚踝跟鞋子摩擦的地方开始疼起来,一看才发现已经磨出了水泡。保育园打电话来,说儿子已经在附近的小学避难了。知道至少有人陪着儿子,我稍微放心了一点。

赶路期间,又连续发生了几次余震。地震很强烈,人都站不稳,只能摇摇晃晃地走。万幸路边有彻夜开着的饭店,不仅将洗手间借给路人使用,还提供水的补给。

我大概走了7个小时的路,次日天蒙蒙亮时,终于赶到了儿子避难的小学!我的脚疼痛不已,人也几乎快累倒了。儿子睡得非常熟,老师们说他还尿床了。

我非常感激整夜陪伴在儿子身边的人！学校里只有儿子一个人还没被接走，等待我的有小学校长、老师，保育园校长、老师、保育士，总共5个人。虽然老师们的家人也在等着他们回家，但是，他们毅然选择了陪在学生身边！

活着，太好了

我的脚痛得几乎走不了路，一位老师便让我坐在自行车后座上，把儿子放在前面的车筐里。他一个人推着自行车，一直把我们送回家。

终于到家了！我直接瘫倒在床上，沉沉地睡了过去。

睡了一会儿，我感觉到脸上有一些热气，睁开眼睛一看，儿子正在我边上，似乎保护我一般贴近我的脸，目不转睛地看着我。

看到我醒来，他问道：

"妈妈，你还活着吗？"

"小朋友们都回去了，就剩下我一个人，我以为妈妈在地震中死掉了。"

"爸爸已经死了，我以为妈妈也死了呢。还活着，太好了！"

儿子的话让我感觉揪心般地痛。只有4岁的他，在承受着

第四章
跨越"文化之墙"

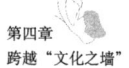

父亲去世的悲痛后,又一个人经历了恐怖的大地震。对于孩子来说,母亲是多么地重要啊!那一瞬间,我强烈意识到,哪怕只为了这个孩子,我也要坚强地活下去!之后问儿子才知道,他不能肯定妈妈是否还活着,就用小手贴着我的脸确认——这孩子,是如此让人怜爱……

后来从报道上获知,灾难发生时,人们守望相助,并没有去抢便利店里剩余不多的饭团,而是互相谦让、互相鼓励。那些默默奉献的人,例如照顾儿子的老师们,用无私的行动拯救了他人!灾难发生时日本人的行为让我感到震撼,我为在危险面前奔赴各个现场的员工们感到无比骄傲。我再次确信这里就是我想生活下去的地方!

历时1年多的遗产争夺战终于结束了!与最爱的人的死别、恐怖的大地震、家人般的关怀、受钱所蛊惑的丑恶人性……在短短几个月的时间里,我几乎阅尽了人生百态。

不管哪一种行为,都是由人的内心所感外化而成的。这正是人活着的真实状态。

人的生命就如同幻影,当死亡来临时什么都带不走,这是爱里客教给我的。因此,我时常问自己,究竟是为什么而活着,要以怎样的方式活着,还可以帮助多少人。我想,心怀梦想地工作和生活,努力帮助更多的人,自己正是以此而生的吧!

为什么要一边做律师，一边做社长

每当我说起自己"一边做律师，一边经营着不同行业的公司"时，人们都会感到非常惊讶，问道："为什么要这样做呢？既然是律师，就好好地开律师事务所，专注于律师的工作就好了。"

确实如此。我也意识到身兼两职付出的时间和精力，会令自己十分辛苦。我经常问自己，这种状态能否持续下去，能否使公司得到长足的发展，为员工提供更好的生活。

最让社长头疼的是"人才"

对于提供技术服务的中小企业来说，很难找到能够统领技术人员的管理者。大企业容易吸引优秀的人才，能培养成2把手、3把手的人才非常多。当然，中小企业也有优秀的人才，但是跟大企业相比，还是存在很多劣势。

第四章
跨越"文化之墙"

作为中小企业的高层管理者，我时常感到社长的理念与员工之间有着很大的差距，不想办法缩小这条鸿沟是不行的。

我认识很多中小企业的社长，大部分的经营者都非常优秀，一心想实现自己的理想，帮助更多的人。如果没有这样的才气、热情和精力，是没有办法经营企业的。但是，很多企业在做了三五年之后，都支撑不下去了。

从日本《2016年版中小企业白皮书》公布的数字来看，2012年到2014年，非一次性产业个人企业年平均开业约有8.6万家，但同时期歇业个人企业大约有14万家。开业率只有4%，歇业率却高达6.4%，歇业企业数远远高于开业企业数。

这是为什么呢？我认为其中一个原因，在于中小企业很难召集可以理解社长的商业理念、进而推进企业发展的人才。社长如何培养与自己的理念相一致的员工，直接关系到中小企业未来的生存和发展。

中小企业的社长凡事喜欢亲力亲为。他们被各种琐事缠身，渐渐失去时间思考企业的规划和战略，员工也因此失去成长的机会。如此一来，员工会有以下的想法"反正社长大事小事都自己做决定，我们不用决定什么。不管有什么问题发生，跟社长说就好了""如果再给我们一些权限，我们就会尝试更多，自己也可以得到成长"。对于有成长意愿的员工，如果一直不给机会的话，他们会裹足不前，公司也会处于低迷的状态。

为了避免发生这种情况，我在公司组建了互联网组织架构，哪怕自己不在公司，也可以了解各种情况。我经常跟公司的员工说："我不在公司期间，除了大事向我汇报，其他的事你们自己做决定就好。"把工作托付给他们，我逐渐有了更多离开公司的时间，自己顺利地摆脱了"事事亲力亲为的社长"角色，也真正从企业经营者的"学校"毕业了。

跨越集体离职的危机

知易行难。出于为员工成长考虑，我开始了公司的改革，谁知，却招致了意想不到的后果。

事情发生在我在盂兰盆节假期第一次去瑞典的时候。在结束了一个月的休假回到公司后，有好几个员工都跑来说要离职，包括业务人员、技术人员，加起来有5—6个人。

一下子5—6个人辞职，这对当时的公司来说是一件了不得的事。虽然我尽力挽留，但是他们去意已决。我最终没能填补上和员工间思维上的鸿沟。

在改革之前，大事小事我都会过问处理，但是公司开始改革后，员工需要自己处理很多事情。他们的思维模式一时间变

第四章
跨越"文化之墙"

得混乱,也可能平时缺乏对自信心的培养。

集体离职事件发生后,一方面,我向奔走于各业务代理处的管理层员工道歉;另一方面,及时招聘新员工,重新组建了新的销售团队。为了实现公司的可视化管理,我编制了从配件需求到进货等流程的整体管理系统,致力于信息共享。

留下的员工和离去的员工,有何不同之处呢?我想,前者是跟我保持了良好的沟通,觉得公司的理念适合自己吧。

以此次危机为契机,公司多次召开会议,商讨接下来要怎么做,怎样培养新人。大家商定了很多事情,员工们也加深了对彼此的理解。

100个人有100种思维,相同的事情,不同的人有不同的看法。工作上的事,更不可能简单地以非黑即白来划分。不管是谁都会出错,我也是如此,但我们不能因此畏惧前行。

虽然公司要求所有员工都按照公司的方针走,但是每个人的思维方式不同,表现也会不同。平日里跟我有良好交流,并且认为公司理念与自己一致的员工不会离职;与我缺乏交流,所想的只是表面需求的员工,牵涉待遇、工资等问题时,会马上辞职。如果员工与公司的理念互连,一旦发生什么问题,就会跟我商量。只要大家有解决问题的意愿,公司就不会真正发生什么危险。

另外，如果员工可以感受到公司的爱，对公司有感情，自然就会继续工作下去。

集体离职危机一时让公司内部很不稳定，不过，留下来的员工后来都获得了很多成长，成为了公司的主力。

在公司的改革进程中，我几次想取消瑞典的行程，想放弃改革的决定。后来，坚持了2年左右，看着公司的营业额增长了，制度也在改善，我才确认自己的决断是正确的。与过去相比，公司越来越像模像样了，我也获得了更多的成就感。

爱里客曾经多次指出我的管理方式是"凡事亲历亲为，没有培养人才"，一开始我还反驳，但经不住他反复强调，我才开始思考起来。我很感激他的真诚和坦率。人们都不喜欢被指出自己的不足，但正因为自己做得不够好，问题才会存在。意识到存在问题，正是思考和解决问题的契机。这是一个积极的信号。爱里客不顾我心情好坏，多次指出了我管理上的不足，他确是名副其实的沟通大师。

如今，我依然非常重视跟员工之间的交流。比如，我每个月会跟年轻的技术人员面谈，主要是对长短期目标的看法和需要改进的方面。和员工面谈时，我经常会说：

"最近状态看起来很不错嘛。进公司以来感受如何？有哪些不太满意或者需要改善的地方吗？下个月有哪些地方需要我

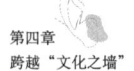

第四章 跨越"文化之墙"

帮助吗？""努力必有回报。如果自己解决了难题，成就感和喜悦感非常棒吧。"

当员工想要独立跑现场时，我会给予鼓励和支持；当员工掌握了处理故障的技术后，我会下达下一步的目标；当员工采取行动时，我会时常关注他们。我想，这是管理者的职责所在吧。越关注他们的成长，就越能给予他们信心。

如果员工本人处于迷迷糊糊的状态，我会在面谈中帮助其澄清目标。一旦确立了目标，员工就可以继续前进。与员工做好了沟通，就能使他们发挥出自己的力量。

人们做好了沟通，能催生出更好的想法，会与周围环境更加协调，即使在工作中碰到了问题，产生了不同意见，也可以互相妥协。我十分庆幸自己意识到了良好沟通的重要性。

"你对公司来说非常重要"

据我多年的观察，日本人不太喜欢敞开心扉，想说的话大多憋着不说。这已被人们视为一种美德，大概是日本文化的一种表现吧。不说什么，是可以避免伤害对方，但双方的想法，却只能靠凭空猜测了。

在我看来，人们彼此不进行沟通，简直是不可思议的。人们对同样的事会产生不同的理解。仅凭对方的反应，就得出"他好像讨厌我""他是不是不喜欢我"的结论，是非常主观的。想了解真实的情况，问一下对方不就行了吗？"说出这样的话很不好意思。如果你不喜欢这个话题，那么以后我就不说了。如果你不喜欢我这一点，我会注意改正。"人们如果都能够主动跟别人这样说，关系就能变得更好。

作为中国人，我察觉到员工的问题会直接跟他们说："最近看上去没什么精神，身体不舒服吗？""听说你昨天很晚才回家？今天不要加班了，早点回家。"通过和员工进行交流，我向他们传达了一个理念，即：你们对公司来说非常重要。

无论事情与否，都需要彼此进行确认。孩子、父母、恋爱对象、合作伙伴之间都做到了这一点吗？在公司内部也是如此，只要大家保持良好的沟通，就可以朝着一个方向努力。

员工平时都跟电梯、配件这些东西打交道，但公司一个月会举行一次由员工策划、公司主办的联欢会。因为技术人员喜欢吃肉，所以经常会组织一起去吃烤肉或火锅；如果吃中餐的话，就由我来负责找店；我们也会去居酒屋，或者唱歌、打保龄球，有时还会一起去赏樱花。这种时候，员工不会对我敬而远之，他们会自然而然地坐到我旁边来，我们因此建立了良好的关系。如果员工跟我一起工作觉得很开心，我也会由衷地感到高兴。

律师和社长之间存在巨大的鸿沟

一方面，我担任与中国有生意往来的日本企业的顾问律师，从中国人的思维方式、文化和商业习惯出发，给予他们指导；另一方面，我本身就是企业经营者，可以从经营的角度给这些企业提一些建议。

企业不能只凭法律条文进驻中国市场，更重要的是评估隐藏在字里行间的风险。比如，做合同时我会给出相关建议："如果不加上这一条，退出的时候会发生纠纷""这种行为是被禁止的，但是换一种做法的话，法律上不会有什么问题"。对于"企业能否进驻中国市场、在哪些层面可能会出现问题、需不需要运用到法律"等等问题，我或凭着身为律师和经营者的经验、或开展市场调查，帮他们一一解决。

我多次问过自己：为什么已经从事律师这门职业了，还要继续当社长呢？我的答案是"不想背叛客户的信任"。电梯保养这项工作，是通过跟名气很大的厂商旗下公司竞争获得的，来之不易。我非常感恩支持我的客户，他们对我来说非常重要，如果中断公司的服务，会使他们陷入不必要的困境。这项工作我不可能甩手不干。

此外，我确信电梯保养行业会迎来规则缓和的一天。虽然企业之间不可避免会产生竞争，但从客户的角度来说，我的公司确实能够为他们提供更好的服务。

再有，就是工作的乐趣了。我认为在律师之外，再学习电器技术的知识非常有价值。我积累了11年以上的工作经验，通过努力，取得了"升降机检察员"资格证。在技术人员现场操作机器时，我可以跟他们进行讨论，凭经验推断问题所在。

律师的工作，凭一个人基本可以完成。通过律师这个身份，我进入了很多咨询法律事务的公司董事会，被董事们称为"马老师"。他们经常向我请教问题，而我则竭尽所能地为他们提供意见和建议。这项工作非常适合我，让我感觉很充实。当我回到电梯公司，充实的心情瞬间就转换了。"社长，电梯故障，请马上调配配件！"随着员工的请示，我马上又投入了另一场争分夺秒的战斗中。

作为律师，需在办公室接受公司经营者关于经营和战略的咨询；作为社长，要在现场指导技术人员解决繁杂的问题。两者之间存在着巨大的鸿沟。

想要马上解决眼前的问题，就必须具备引导顽固的技术人员的能力。他们既不像销售人员一样，善于理解经营者的立场，

第四章
跨越"文化之墙"
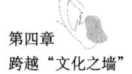

又很难与我形成相同的观点,说服他们需要花费很长时间,真的不轻松。但是,他们虽穿着脏脏的工作服,手指甲里都满是油污,却无不在奋力排除眼前的故障。我敬佩和关心他们,经常跟他们说这样的话:"去现场路上当心""回来了""我们这样解决今天的问题吧""或者我们这样来改善"。

公司有时候就像是一支军队,特别对于中小企业来说,经营者就是司令官,必须做一些决定。有时候在公司内部进行讨论时,我也会发火。从前,我总以男性的心态与员工相处,现在我意识到,有时候女性的温柔对于解决问题也很有效果。

男性领导者经常会不分青红皂白地下命令。公司大部分员工是男性,但男人都是好面子的,所以我会尽量避免直接下指令,通常会对员工说:"这样做的话,对你们来说会比较好吧""如果你们不在现场解决这个问题的话,它会一直存在那儿"。

其实,经营公司跟养孩子是一样的,我经常跟儿子说:"不管是干家务,还是辅助你做作业,我都不可能做得完美。所以不要只是依赖我,你自己要独立。"我对员工的要求无非也是这些。我虽然是社长,但也有做得不完善的地方,所以员工需要学会思考,学会自己解决问题。

尽管连续地劳作，但第二天就会精神饱满

很多时候，员工也不会听我的。公司的理念是为更多的人提供服务，要想让公司更加发展壮大，就得强化业务。但这无疑增加了工作量，员工都极力反对。有的员工说："社长你要是再增加业务量的话，我就离职。"

培养一名技术人员需要花上5年、甚至10年的时间，不想他们轻易辞职，就必须体会他们的心情，站在他们的立场考虑问题。所以，我只能通过换位思考找出正确的答案。

经营公司不是简单的事情。解决了一个问题，永远会有下一个问题在等着。每年都会产生新的问题。哪怕觉得多么不可思议，意料之外的状况还是会发生。但如果把它们当作新的问题勇敢面对，不正是成长的证明吗？如此一想，便能下定决心果断地处理事情了。最近我常在思考，经营者虽然比别人面临更多难处，但是一旦解决了问题，就能体会到更大的成就感。经营者就是这样乐在其中，停不下来的。

但究竟为什么要继续这样辛苦的劳作呢？也许，身兼律师和社长两职，是我的命运吧，我为此不得不一直努力。经营公司，是实现自我的一种手段、一种方式。我对我的公司怀有不尽的感激之情！我是一个辛苦之后只要睡一晚，第二天就会元

第四章 跨越"文化之墙"

气满满的人。"今天会跟什么样的人见面呢？""穿什么衣服好呢？"……每天，我都会开心想着这些问题，干劲十足地拿起包来到公司。

用感恩的心，反转逆境

看到自己经营的事业逐渐走上正轨，客户也在增多，我感慨良多。

历经创业的艰辛，我依然站在这片土地上，是因为知道自己需要活着；因为活着，我坚信自己负有使命，要为这个世界做出贡献。每个人都有需要他们为之付出的事情。人只要活着，就一定有值得为之努力的事，反过来，付出也将会获得回报。

现在的我，更能深切地感受到心怀感激的重要性。

为了上学，我来到日本，从早稻田大学毕业后升入大学院，领取了多年的奖学金。这份只有被选上的大学院学生才能领取的奖学金，对我而言无比重要。我对此常怀感恩之情。

直到现在，我都对申请奖学金的面试场景记忆犹新。记得当时我被问道："你的梦想是什么？你将来想做什么？"在坐成一排的面试教授面前，我从三个方面回答了这个问题："我想把日本优秀的方面汇集起来出书""想把这一切传达给中国人""如果拿到了奖学金，我一定会以某种方式报恩的"。我诉说了自己的梦想，即：成为中日友好的桥梁。

机缘之下，我数次实现了出书的愿望，今后，我还想继续写下去。通过从事中日经济咨询工作，我让更多的日本企业了解中国，帮助他们在中国市场扎根。可以非常自信地说，自己已经达到了报恩的目的。我在日本创办企业，提供给人们就业机会，为客户送去舒心的服务，公司还在逐步壮大、逐步变强。还有什么比这些更能让人感受到我的感恩之情呢？

我经常对员工说：请用心思考，我们这样服务性的公司存在的意义是什么。只要拥有一颗感恩的心，任何事都可以成功。

公司理念——感谢

感谢信任我们的客户，

感谢"东京电梯"，

感谢一起工作的伙伴！

——这就是我们公司的理念。我把多年来形成的经营思想，以简洁明了的文字表达出来，虽然看上去浅显，但里面蕴藏了智慧。

任何成功都是靠人来实现的。人必须要保持健康，健康是一切的基础，但健康并不是理所当然就能形成的。人们拼命地工作，很容易忽略自己的身心健康。其实，健康离不开他人的关怀，正是很多人的支持，才成就了现在的我，反之，我也不能忘记给予他人支持和帮助。

第四章
跨越"文化之墙"

2017年,公司迎来了成立20周年纪念。我作为一名外国女人,只身来到举目无亲的日本,投身到电梯保养行业。虽然四处碰壁,但我与客户、员工互相理解,共同努力,硬是在这个封闭的市场里闯出一条路,让更多的人知道"东京电梯",了解这一独立型的公司也可以承担电梯保养业务。为此,我非常自豪。

丈夫生前经常跟我这样说:"英华,你是从五个世界活下来的人。第一是你的故乡,中国大连,那是个'狼出没'的地方,充满竞争,你的大部分同学在那里度过了一生;第二是你所奔向的'更大的世界'——离开中国,到国外求学和工作;第三,是打破原有的壁垒,创立新的业态,创造新的文化;第四,是持续性地取得成功。第五,就是与遥远的西方国家瑞典产生连接。在其中任何一个世界生存下来都非常艰难,并非常人能够做到。"

我想,自己还将会开辟第六个、第七个新的世界吧。

从小,我就认为自己是有价值的,可以为别人做一些贡献。机缘之下,我从遥远的大连来到日本,以这样的方式书写自己的故事。我再次确认自己当年的想法是正确的。

衷心地感谢接受我、给予我帮助的人们!我现在还住在这里,是与他们分不开的。

🌱 活用逆境的信息

人生有离别，也有背叛，
但是永远不要忘记，怀有感恩的心。

到此为止，回望我的前半生，

波折重重，逆境重重，

有意想不到的离别，也有背叛。

但是，无论怎样的逆境都一定会有出口，

无论陷入怎样艰难的状况，

都一定会有人伸出援助之手。

不要忘记对这些人怀有感激之情，

让我们带着感恩的心，

展翅飞往更大的世界吧！

结束语

天气好的时候，在大厦的楼顶能看到远远的地平线，还有各种高低不同、形状各异的大楼和住宅，以及树木茂盛的公园；往下看，汽车和行人显得那么渺小；风吹过，抚摸着我的身体。楼顶这个地方很特别，比其他任何地方都高，我最喜欢这里。

大部分的机械室都位于楼顶，由于工作的关系，我经常会上大厦的楼顶。能站在这里，我觉得就是对自己付出努力的一种奖励。

夜晚的屋顶尤其与众不同。实际上，跟客户见面、处理业务上的事情，大多是在晚上进行的。在屋顶检测设备时，我环顾四周，发现很多建筑的窗户依然亮着灯。点点亮光之下，有不同的人，发生着不同的故事。有人的地方就会有电梯，这样一想，我顿时感到自己从事的工作意义非凡，甚至觉得自己是为人们带去光明的使者。

从高处往下看的时候，原本错综复杂的事情，经常一下子就变得清晰了，非常不可思议。这里呈现的是与地面完全不同的风景。在地面上，觉得有些事情很严重、令人纠结，但一到上面，反向一看，由于映入眼帘的是不同的风景，那些事情也变得似乎不那么重要了。塞翁失马，焉知非福，无论发生多大

# 结束语

的事情,换一个角度思考,一定会有不同的看法。这一切,都是楼顶教会我的。

我来日本很久了,到2018年已经30年了。虽然我有时会陷入四面楚歌、背水一战的境地,但是可以继续经营企业,我认为最重要的是遇到了很多人。

大楼的所有者,或者说拥有大楼管理权限的人,从某种意义上来说都是成功人士。成功之人有成功的思维方式,我可以在他们身边学习,这是多么奢侈的事!我喜欢销售,是因为通过跟这些人见面,自己能获得很多成长。我打心底里认为,能够跟这些人结识交往是最棒的事情。

感谢自己经历的一切!我希望自己可以为更多的人提供帮助。为此,2015年10月,作为女性企业领导人,我应邀开始在《日本经济报》(电子版)举办的"商业领袖——经营者"博客上发表连载文章。本书正是根据这个栏目的内容整理加工而成。整整2年,我几乎每隔一周都要更新一次专栏文章。这个栏目包含读者的评论,获得了很大的反响。大家都留下类似这样的评论:"中国的阿信""不流泪是读不下去的""非常感动""希望可以编成电影或者电视剧",等等。

很多读者评论说,我的故事给予了他们勇气。每当看到这样的评论,我都会庆幸自己的成长故事跨越了时代和国家,具

有普遍性、能够引起人们的共鸣。

那些抱着不安感、不清楚接下来要怎么办的人，对自己的生存方式没有自信的人，连续失败、碰壁、非常悲观的人，想要过上好生活的人……我想，自己哪怕能够给予人们些许鼓励也好。出于这个愿望，我写了这本书。如果我能够给更多的人带去勇气和自信，提供一些跨越未来严峻考验的"秘诀"，这是多么令人开心的事情啊！

正是这种竭尽所有、鼓足勇气向前行的挑战精神，支撑我走到了今天。当你身处命运低谷，努力向上反弹时，获得的成就感会格外地大。不要逃避问题，要在看清问题之后，为了改变思维方式而大胆地采取行动。只要积极地行动，就一定能找到突破口。

这本书的出版，得到了日本经济新闻出版社的小板桥太郎先生、中川真希子女士（现在就职于日经BP社）、赤木裕介先生等的大力支持。特别是"经营者博客"的编辑中川女士，经常跟我一起回想和感慨以前的岁月。我真诚地对以上诸位表示感谢。我还要感谢养育我的父母，是他们给了我一个艰苦的环境，因而培养了我顽强的精神力量，能够战胜很多困难，并实现梦想，取得很大的成就。"东京电梯"之所以能迎来20周年纪念，跟太多人的支持分不开，衷心地对给予公司支持的

结束语

人们表示感谢,也衷心感谢我的朋友李丽和王伟对此书的协助。

只要在逆境中积极地思考,并向着好的方向持续努力,出乎意料的好运就会来到你身边。不放弃挑战的勇气,就会有好的结果。让我们活用逆境信息,带着积极的心态,一起努力向前吧!